Manual de terapia cognitivo-
-comportamental para adolescentes ansiosos

A Artmed é a editora oficial da FBTC

C592m Clark, David A.
　　　　Manual de terapia cognitivo-comportamental para
　　　　adolescentes ansiosos : livrando-se de pensamentos negativos
　　　　e preocupações / David A. Clark; tradução: Marcos Vinícius
　　　　Martim da Silva ; revisão técnica: André Luiz Moreno. –
　　　　Porto Alegre : Artmed, 2023.
　　　　　　x, 132 p. ; 25 cm.

　　　　ISBN 978-65-5882-138-0

　　　　1. Terapia cognitivo-comportamental – Ansiedade.
　　　　2. Ansiedade em adolescentes. I. Título.

　　　　　　　　　　　　　　　　　　　　　　CDU 615.85-053.6

Catalogação na publicação: Karin Lorien Menoncin – CRB 10/2147

David A. **Clark**

Manual de terapia cognitivo--comportamental para adolescentes ansiosos

livrando-se de pensamentos negativos e preocupações

Tradução
Marcos Vinícius Martim da Silva
Revisão técnica
André Luiz Moreno
Psicólogo. Especialista em Terapia Cognitivo-comportamental pelo Instituto WP. Doutor em Saúde Mental pela Faculdade de Medicina de Ribeirão Preto — Universidade de São Paulo (FMRP-USP).

Porto Alegre
2023

Obra originalmente publicada sob o título *The anxious thoughts workbook for teens: CBT skills to quiet the unwanted negative thoughts that cause anxiety and worry*
ISBN 9781684038787

Copyright © 2022 by David A. Clark
Instant Help Books
An imprint of New Harbinger Publications, Inc.
5674 Shattuck Avenue
Oakland, CA 94609
www.newharbinger.com

Gerente editorial
Letícia Bispo de Lima

Colaboraram nesta edição:

Coordenadora editorial
Cláudia Bittencourt

Editora
Paola Araújo de Oliveira

Capa
Paola Manica | Brand&Book

Preparação de originais
Mirela Favaretto

Leitura final
Marquieli Oliveira

Editoração
Ledur Serviços Editoriais Ltda.

Reservados todos os direitos de publicação, em língua portuguesa, ao
GRUPO A EDUCAÇÃO S.A.
(Artmed é um selo editorial do GRUPO A EDUCAÇÃO S.A.)
Rua Ernesto Alves, 150 – Bairro Floresta
90220-190 – Porto Alegre – RS
Fone: (51) 3027-7000

SAC 0800 703 3444 – www.grupoa.com.br

É proibida a duplicação ou reprodução deste volume, no todo ou em parte, sob quaisquer formas ou por quaisquer meios (eletrônico, mecânico, gravação, fotocópia, distribuição na Web e outros), sem permissão expressa da Editora.

IMPRESSO NO BRASIL
PRINTED IN BRAZIL

Autor

David A. Clark, Ph.D., psicólogo clínico e professor emérito da University of New Brunswick, Canadá. Autor ou coautor de vários livros sobre depressão, ansiedade e transtorno obsessivo-compulsivo (TOC), incluindo *Vencendo a ansiedade e a preocupação com a terapia cognitivo-comportamental*, com Aaron T. Beck (fundador da terapia cognitiva), *The anxious thoughts workbook*, *The negative thoughts workbook* e *Cognitive-behavioral therapy for OCD and its subtypes*. Membro fundador e consultor de instrutores da Academy of Cognitive and Behavioral Therapies e *fellow* da Canadian Psychological Association. Autor do *blog The Runaway Mind*, em www.psychologytoday.com.

Carta ao leitor

Caro leitor,

Bem-vindo ao *Manual de terapia cognitivo-comportamental para adolescentes ansiosos*. Sem dúvida, você comprou este livro, ou ele foi dado a você, porque a ansiedade está causando problemas em sua vida. Você sente que fica mais ansioso do que seus amigos ou outras pessoas em sua família? Você acha que a ansiedade vem nos piores momentos, causando mais angústia? Talvez você se sinta sozinho porque está muito ansioso perto de seus colegas, ou talvez não esteja indo tão bem quanto gostaria na escola devido à sua ansiedade.

Se a ansiedade se tornou um problema em sua vida, este manual é para você.

É muito normal sentir-se ansioso. Na verdade, sentir um pouco de ansiedade pode ser útil. Se você está levemente ansioso por causa de uma prova, isso pode motivá-lo a estudar mais. Contudo, se a ansiedade for muito intensa, você pode se sentir tão incomodado que evita estudar, e os resultados disso são previsíveis. Quando os sentimentos de ansiedade se tornam graves e nos levam a agir de maneiras não saudáveis, é hora de fazer algo sobre eles.

O *Manual de terapia cognitivo-comportamental para adolescentes ansiosos* lança um holofote sobre a ansiedade grave e danosa à saúde. Ele se concentra em pensamentos ansiosos e em como eles são responsáveis por piorar a sua ansiedade. Você aprenderá que a ansiedade em geral começa com um pensamento negativo que surge espontaneamente em sua mente. Nós os chamamos de *pensamentos intrusivos indesejados*. Eles costumam estar relacionados com o que está acontecendo em nossa vida. Quando supomos que esses pensamentos são verdadeiros e nos esforçamos para expulsá-los de nossa mente, eles pioram, aumentando nossa ansiedade. Uma vez que a ansiedade fica grave, evitamos as situações que achamos que a desencadeiam. É assim que a ansiedade se torna um problema.

Neste livro, você encontrará atividades que podem reverter esse processo. Você aprenderá a desafiar seus pensamentos ansiosos e descobrirá maneiras novas e saudáveis de pensar sobre sua ansiedade e seus gatilhos. Mostrarei os limites do controle mental e como a aceitação pode inverter as coisas. O último módulo leva você para além da ansiedade e ensina a usar pensamentos intrusivos *positivos* para aumentar a sua felicidade.

Você provavelmente achará algumas atividades mais úteis do que outras, mas eu gostaria de encorajá-lo a tentar todas e, em seguida, repetir as que você achar mais eficazes. Você pode achar o manual mais útil se fizer isso com sua família ou alguém que possa orientá-lo.

Onde quer que você esteja em sua busca por se ver livre da ansiedade, acredito que achará este livro útil. Você deu um primeiro passo importante. Agora, convido você a ler e descobrir como acalmar sua mente ansiosa.

David A. Clark

Sumário

	Carta ao leitor	vii
	David A. Clark	

PARTE 1 – A mente fugitiva

Atividade 1	Pensamentos grudentos	2
Atividade 2	Invasão mental	5
Atividade 3	Ligue os pontos	8
Atividade 4	Estamos nisso juntos	12
Atividade 5	Descubra a sua mente criativa	15

PARTE 2 – Explore sua mente

Atividade 6	O experimento do urso branco	20
Atividade 7	Eu não quero pensar assim	23
Atividade 8	Diário de intrusões ansiosas	27
Atividade 9	Uma questão de importância	31
Atividade 10	Esforce-se para não pensar	34

PARTE 3 – Acalme seu pensamento ansioso

Atividade 11	Pensamento tóxico	40
Atividade 12	Pensando sobre pensar	43
Atividade 13	Pensamentos ansiosos saudáveis	47
Atividade 14	Não é uma catástrofe	51
Atividade 15	Teste de realidade	55

| Atividade 16 | Pensando com mais calma | 59 |
| Atividade 17 | Matando o dragão | 63 |

PARTE 4 – Deixe de lado o controle

Atividade 18	Pensando excessivamente	68
Atividade 19	O mito do controle mental	71
Atividade 20	Perdendo a cabeça	75
Atividade 21	O caminho errado	78
Atividade 22	Quando a distração falha	81

PARTE 5 – Autoaceitação

Atividade 23	Pratique a autoaceitação	86
Atividade 24	Mente errante	90
Atividade 25	Aceitação consciente	94

PARTE 6 – Desenvolva seus pontos fortes

Atividade 26	Faça a distração funcionar	100
Atividade 27	Entre em ação com a distração	104
Atividade 28	Faça isso mais tarde	108
Atividade 29	Reconheça sua bondade	111

PARTE 7 – Impulsione a felicidade

Atividade 30	Quão positivo você é?	116
Atividade 31	Foco na felicidade	118
Atividade 32	Pare, pense e reflita	122
Atividade 33	Memórias positivas	125
Atividade 34	Perceba a bondade	129

A linha de chegada — 133

PARTE 1
A mente fugitiva

1

Pensamentos grudentos

PARA VOCÊ SABER

Você sabe como é sentir suas mãos grudentas e pegajosas. Mas você sabia que seus pensamentos também podem causar essa sensação? Pensamentos perturbadores, imagens ou memórias que surgem podem ser especialmente grudentos em nossa cabeça. A partir do momento em que eles entram em nossa cabeça, não conseguimos parar de pensar neles. Você pode tentar diferentes estratégias para limpar sua mente, assim como quando deseja lavar as mãos grudentas. No entanto, quanto mais você tenta parar de pensar no pensamento perturbador, mais você pensa.

Nós os chamamos de *pensamentos intrusivos negativos*, e eles podem nos fazer sentir ansiosos, deprimidos, culpados ou frustrados.

Qualquer pensamento pode ser intrusivo, mas aqui estão alguns particularmente comuns.

- *Talvez eu tenha ferido os sentimentos da minha melhor amiga, e agora ela está brava comigo.*
- *Eu agi como um idiota, e todo mundo está falando sobre isso.*
- *Eu realmente fracassei naquela prova — como eu pude ser tão burro?*
- *Eu sou um perdedor; ninguém realmente gosta de mim.*
- *Eu sou diferente de todos os outros.*

Quando esses tipos de pensamentos de repente surgem em nossa mente sem qualquer esforço, tendemos a supor que eles devem ter um significado especial. Isso torna os pensamentos grudentos e os faz continuar voltando.

Contudo, se você reservar um tempo para entender seu próprio pensamento grudento, pode começar a mudar esses padrões.

PARA VOCÊ FAZER

Da próxima vez que você se sentir chateado, anote o pensamento grudento indesejado que surgiu em sua mente e não vai embora.

Meu pensamento intrusivo negativo grudento: _____
_____

Quando você está se sentindo chateado, é realmente difícil estar ciente do que está pensando. Todavia, é importante treinar-se para capturar esses pensamentos negativos indesejados, pois eles são o combustível do seu mal-estar. E quanto mais grudento for o pensamento negativo, maior será sua atração sobre as suas emoções. Durante a próxima semana, concentre-se nos momentos em que está chateado e veja se consegue descobrir quaisquer pensamentos intrusivos negativos que grudam em sua mente. Você pode escrevê-los aqui.

Outro pensamento negativo grudento: _____
_____

Outro: _____
_____

Outro: _____
_____

Você está surpreso com o fato de certos pensamentos negativos ficarem presos em sua mente, ao passo que outros surgem em sua cabeça sem tanto peso? Você aprenderá que a forma como entende o pensamento intrusivo (seu significado pessoal) e se esforça para controlá-lo (a tentativa de não pensar sobre ele) determina quanto tempo ele permanece em sua mente.

MAIS PARA VOCÊ FAZER

Às vezes, nossos pensamentos se tornam tão frequentes e grudentos que se transformam em obsessões. Lembre-se dos pensamentos angustiantes que muitas vezes inundam sua mente. Em seguida, faça uma marca (√) ao lado das frases que descrevem sua experiência com pensamentos intrusivos grudentos.

- ☐ 1. *O mesmo pensamento, imagem ou memória surge em minha mente repetidamente.*
- ☐ 2. *É muito difícil tirar o pensamento intrusivo da minha mente.*
- ☐ 3. *O pensamento intrusivo me faz sentir mais chateado ou angustiado.*
- ☐ 4. *Eu realmente não quero ter o pensamento intrusivo.*
- ☐ 5. *Criei certos "rituais" para lidar com o pensamento intrusivo, como lavar, checar, refazer, reler ou reordenar.*
- ☐ 6. *Percebo que o pensamento intrusivo é extremo ou mesmo ridículo.*
- ☐ 7. *Eu fico preso no pensamento e não consigo pensar em mais nada.*

Se você marcou várias declarações — especialmente os números 1, 2 e 5 —, seus pensamentos grudentos podem ser obsessivos. As atividades neste manual serão úteis, mas observe que as obsessões são uma forma particularmente repetitiva de pensar. Você precisará reservar um tempo extra para as atividades. Se está tendo sessões com um psicólogo, diga a ele suas descobertas a partir desse exercício. Se você está lendo este livro por conta própria e suspeita que pode ter transtorno obsessivo-compulsivo (TOC), converse com seus pais e considere entrar em contato com um profissional de saúde mental. Existem estratégias de tratamento específicas que são altamente eficazes na redução do pensamento obsessivo.

2
Invasão mental

PARA VOCÊ SABER

Pensamentos grudentos são muitas vezes bastante negativos, fazendo-nos sentir ansiosos ou chateados com uma coisa pequena. E pensamentos grudentos muitas vezes surgem em nossa mente de repente — e, a partir do momento que chegam lá, é difícil se livrar deles. Pense nessa aparição de uma hora para outra como uma *invasão mental*. Um pensamento, uma imagem ou uma memória pode se infiltrar em sua mente e, antes que você perceba, uma onda de tristeza, ansiedade ou medo toma conta de você.

Lembre-se: qualquer pensamento, imagem ou memória pode ser uma intrusão mental indesejada. Estes geralmente se referem às questões que mais importam para nós, como o que nossos amigos pensam de nós, nossos relacionamentos com pais e irmãos, o quão bem estamos indo na escola, nosso futuro, nossa aparência física, relacionamentos românticos, sexualidade — e assim por diante. E como essas intrusões acontecem espontaneamente, tendemos a acreditar que elas sejam verdadeiras.

Veremos com o que suas invasões mentais tendem a se parecer — e como elas podem estar alimentando sentimentos de ansiedade, frustração, culpa ou tristeza.

PARA VOCÊ FAZER

Reserve um momento para revisar os três ou quatro pensamentos negativos grudentos que você anotou na Atividade 1. Agora, escreva um pensamento negativo que fica em sua mente quando você se sente chateado.

Meu pensamento negativo (grudento) perturbador: _____

_____

_____

_____

Em seguida, use a escala a seguir para avaliar as seis declarações que descrevem sua experiência com o pensamento negativo.

Afirmações	Não relevante	Pouco relevante	Muito relevante
O pensamento surge em minha mente por conta própria; eu não tento trazê-lo à minha mente.			
O pensamento é muito indesejável; não gosto quando penso assim.			
O pensamento me chama a atenção, e eu não consigo pensar em mais nada.			
É difícil me concentrar quando começo a pensar assim.			
O pensamento é muito perturbador.			
O pensamento é difícil de controlar; eu não consigo tirá-lo da minha mente, não importa o quanto eu tente.			

Quão bem essas afirmações descreveram sua experiência de pensamento negativo? Considere se essas declarações são relevantes para outros tipos de pensamentos negativos que você tem.

Se os pensamentos negativos muitas vezes surgem em sua mente, chamam sua atenção e são difíceis de controlar, então intrusões mentais podem estar impulsionando sua ansiedade e seu mal-estar.

MAIS PARA VOCÊ FAZER

Se você ainda não descobriu os pensamentos intrusivos mais importantes responsáveis por seus sentimentos de ansiedade ou tristeza, não desista. Quando está se sentindo chateado, é natural que toda a sua atenção esteja focada no sentimento. Pode ser difícil capturar o primeiro pensamento que surgiu em sua mente e o deixou chateado. Você terá outras chances neste manual de se tornar mais consciente de pensamentos intrusivos indesejados. Enquanto isso, tente o próximo exercício para melhorar suas *habilidades de detecção de intrusão*.

Veja este exemplo: Jéssica notou que, muitas vezes, se sentia ansiosa quando tentava se conectar com seus amigos. Prestando mais atenção, ela percebeu que o primeiro pensamento que surgia em sua mente era sempre *Eles provavelmente estão pensando que eu sou sem graça e chata*. Essa intrusão mental poderia facilmente fazer Jessica se sentir ansiosa sobre seus amigos.

Durante a próxima semana, observe os momentos em que seu humor muda de repente. Talvez você esteja fazendo algo e quase instantaneamente fique frustrado. Ou, enquanto está sozinho em seu quarto, ouvindo música, você sente uma onda de tristeza. Ou, enquanto estuda para uma prova ou ensaia para uma apresentação, de repente seu estômago começa a se agitar — e você sabe que é ansiedade. Pergunte a si mesmo: *O que acabou de passar pela minha mente?* Escreva o pensamento em seu diário ou no *app* de anotações do seu celular.

Depois de ter feito isso algumas vezes, considere sua lista de pensamentos intrusivos. Você vê algum tema nesses invasores mentais? Anote-os a seguir.

Meus pensamentos intrusivos negativos recorrentes: _____

_____

_____

_____

_____

_____

3
Ligue os pontos

PARA VOCÊ SABER

Você quer se sentir melhor. Você está vendo que mudar a forma como pensa pode realmente ajudar. E, para fazer isso, precisará se tornar hábil em capturar *os pensamentos intrusivos indesejados* que de repente invadem sua mente e levam você para a toca do coelho do sofrimento. Isso é difícil, porque eles acontecem rapidamente — em uma fração de segundo.

Talvez você esteja se perguntando como pode capturar pensamentos intrusivos indesejados se eles são tão repentinos. Felizmente, há uma conexão estreita entre nossos pensamentos e nossos sentimentos. E somos naturalmente mais conscientes de como nos sentimos do que daquilo que estamos pensando, então você pode trabalhar a partir da emoção para descobrir o pensamento intrusivo que fez você começar a se sentir mal. Sabemos que certos tipos de pensamentos ocorrem com certos sentimentos. Aqui estão algumas conexões comuns de sentimento-pensamento.

Sentimento		Pensamento
Tristeza	⟵⟶	Pensamentos de perda ou fracasso (*Eu sou um fracasso; eu não mereço nada*).
Medo	⟵⟶	Pensamentos de perigo (*Eu poderia me machucar seriamente, até morrer*).
Ansiedade	⟵⟶	Pensamentos de possível ameaça, desamparo (*Eu sou um estranho total nesta festa*).
Raiva	⟵⟶	Pensamentos de injustiça (*Isso é injusto; estou sendo maltratado*).

PARA VOCÊ FAZER

Descobrir suas conexões sentimento-pensamento é um passo importante em direção ao controle sobre a ansiedade. Nesta atividade, você aprenderá a usar o Registro de sentimento-pensamento para começar a fazer essas conexões. (Uma versão para *download* desse registro, bem como de outras ferramentas gratuitas, está disponível no material complementar do livro em loja.grupoa.com.br.) Durante as próximas semanas, use esse formulário para escrever o que você está pensando, vendo ou lembrando ao se sentir ansioso, triste, frustrado ou culpado. Você também pode escrever em seu diário ou no *app* de anotações do seu celular.

Comece a capturar seus pensamentos escrevendo o que está acontecendo no momento em que se sente ansioso ou chateado. Na coluna Situação, anote onde estava, o que estava fazendo e quem estava com você. Na coluna Sentimento, observe como está se sentindo: triste, ansioso, frustrado, irritado, culpado, irritado, e assim por diante. Se você está sentindo várias emoções (o que muitas vezes acontece), circule a emoção mais intensa.

A coluna Pensamentos negativos é a mais importante. Pergunte a si mesmo: *O que acabou de passar pela minha mente? O que estou pensando neste momento?* Concentre-se em seus pensamentos e descreva-os. Depois de listar vários pensamentos negativos, circule o primeiro que passou pela sua mente.

Registro de sentimento-pensamento

Situação	Sentimento	Pensamentos negativos

Você foi capaz de capturar o pensamento negativo conectado ao seu mal-estar? Aprender a estar mais conscientes dos pensamentos que nos fazem sentir ansiosos ou deprimidos é uma habilidade básica ensinada na terapia cognitivo-comportamental (TCC). No começo, pode parecer estranho estar se perguntando: *Ok, estou me sentindo ansioso, então o que estou pensando?* Contudo, mudar seu pensamento negativo é a chave para superar um sofrimento emocional como a ansiedade.

MAIS PARA VOCÊ FAZER

Se você teve dificuldade em capturar seus pensamentos intrusivos negativos, dê uma olhada no Registro de sentimento-pensamento de Raquel. Observe como o primeiro pensamento dela a levou a uma toca de coelho mental que termina em ansiedade e frustração.

Exemplo: Registro de sentimento-pensamento de Raquel

Situação	Sentimento	Pensamentos negativos
1. Estudando para a prova de matemática	Tensa Frustrada Irritada	Não importa o quanto eu tente, nunca vou entender álgebra. Não tenho esperança quando se trata de matemática. Por que sou tão estúpida? Vou falhar nesta prova e depois reprovar na disciplina de matemática.
2. Mensagem sobre a festa de Derek no fim de semana	Ansiosa	Odeio festas; elas me fazem sentir desconfortável. Eu não quero ir. Vou inventar uma desculpa. Eu sou uma pessoa tão chata; não é de admirar que eu não tenha amigos.

Observe como o padrão de pensamento negativo de Raquel a deixa frustrada e ansiosa com matemática e festas. O primeiro pensamento que surge na mente dela é um pensamento negativo sobre a situação atual.

Depois de ver esse exemplo, tente novamente capturar o pensamento negativo relacionado aos seus momentos de se sentir ansioso e chateado.

4

Estamos nisso juntos

PARA VOCÊ SABER

Todo mundo lida com pensamentos negativos indesejados que surgem na mente. Na verdade, a maioria das pessoas ocasionalmente tem pensamentos intrusivos bastante perturbadores, alguns dos quais você poderia considerar repugnantes ou imorais. Se você achar difícil acreditar nisso, tente fazer a enquete no próximo exercício.

PARA VOCÊ FAZER

Selecione quatro ou cinco amigos próximos ou membros da sua família para participar da Enquete de intrusões negativas. Certifique-se de escolher pessoas em quem você confia e que serão honestas e entenderão sua luta contra a ansiedade. Apresente a enquete para cada uma delas dizendo:

Você já teve um pensamento, uma imagem ou uma memória negativa ou perturbadora aparecendo repentinamente em sua mente sem motivo? Você não quer o pensamento, acha-o perturbador e gostaria de parar de pensar nele, mas é difícil tirá-lo de sua mente. Talvez o pensamento pareça vir do nada e agora está em sua mente.

Se a pessoa confirmar, peça a ela que conte sobre seu pensamento e como ele a fez se sentir. Depois, escreva o nome dela e o pensamento intrusivo negativo na planilha a seguir. (O *download* está disponível no material complementar do livro em loja.grupoa.com.br.)

Enquete de intrusões negativas

Nome do amigo/membro da família	Pensamento, imagem ou memória intrusiva negativa
1.	
2.	
3.	
4.	
5.	

Todos que você entrevistou relataram ao menos um pensamento intrusivo negativo? Provavelmente, alguns deles têm pensamentos desse tipo. Está surpreso em saber que sua mente não é tão diferente da dos outros?

Se alguém com quem você conversou negou ter intrusões mentais indesejadas e angustiantes, pergunte se estaria disposto a rastrear seus pensamentos nos próximos dias para ver se tem intrusões negativas, mas não percebeu. Algumas pessoas não estão cientes de seus pensamentos negativos porque rapidamente se esquecem deles. Para outras, os pensamentos não são importantes, então elas não prestam atenção neles. Elas poderiam ficar surpresas com a negatividade de seus pensamentos quando mantêm um registro de pensamentos espontâneos.

MAIS PARA VOCÊ FAZER

Você aprendeu que todo mundo tem pensamentos negativos indesejados. Mas você pode se perguntar: *Por que eu tenho pensamentos intrusivos mais angustiantes do que a maioria das pessoas? Isso não me torna diferente de todos os outros?* Há muitas razões pelas quais algumas pessoas têm muitos pensamentos intrusivos negativos e outras têm poucos. Talvez você esteja passando por um momento especialmente difícil ou tende a ser mais sensível. Além disso, algumas pessoas têm uma tendência natural a ser mais conscientes de seus pensamentos espontâneos. Ser capaz de "pensar sobre o pensamento" pode ser uma característica positiva. Chamaremos essas pessoas de *pensadores intrusivos*.

Se você está se perguntando se tem uma tendência natural a ter mais pensamentos intrusivos negativos, faça o Teste do pensador intrusivo. (O *download* está disponível no material complementar do livro em loja.grupoa.com.br.) Marque (√) nas declarações que se aplicam à sua experiência de pensamento intrusivo.

Teste do pensador intrusivo

- ☐ *Sou uma pessoa criativa; costumo ver as coisas de uma maneira diferente.*
- ☐ *Coisas perturbadoras aconteceram comigo.*
- ☐ *Tenho problemas ou questões pessoais significativas.*
- ☐ *Eu costumo me sentir ansioso, deprimido ou chateado.*
- ☐ *Sou uma pessoa sensível.*
- ☐ *Eu costumo analisar ou pensar demais nas coisas.*
- ☐ *Tenho dificuldade em controlar pensamentos indesejados.*

Se marcou três ou mais afirmações, é possível que você seja um pensador intrusivo. Isso não significa que você tem que viver o resto de sua vida em sofrimento. É possível aprender a controlar esse pensamento negativo indesejado e sintonizar mais os pensamentos positivos, que vêm do lado criativo do seu cérebro.

Se você é um pensador intrusivo, certifique-se de que seus objetivos sejam realistas. Seja gentil e paciente consigo mesmo à medida que percorre este manual. Com tantos exemplos de pensamentos intrusivos, você vai querer investir mais tempo nas atividades mais desafiadoras.

Sendo você um pensador intrusivo ou não, o objetivo é o mesmo: diminuir a frequência e a intensidade do pensamento ansioso. Não é realista pensar que você eliminará completamente todos os pensamentos negativos. As atividades deste manual são projetadas para ajudar todos que lutam contra a ansiedade a aprenderem melhores maneiras de lidar com o pensamento negativo. Portanto, a ajuda está a caminho, seja você um pensador de alta, média ou baixa intrusão.

5
Descubra a sua mente criativa

PARA VOCÊ SABER

Você tem um cérebro incrível. E por mais que você não goste de seus pensamentos intrusivos negativos, esse tipo de pensamento é uma parte importante disso! Os neurocientistas descobriram que 50% da nossa atividade mental envolve pensamentos espontâneos que surgem em nossa mente sem qualquer esforço ou orientação.[1] Intrusões mentais indesejadas são apenas um exemplo desse tipo de pensamento, que inclui sonhar acordado, devanear e fantasiar. Na verdade, o pensamento espontâneo é tão comum que tem sido chamado de modo de operação padrão do cérebro.[2] Assim, pensamentos intrusivos espontâneos são o caminho habitual que o nosso cérebro percorre.

Nossa capacidade de pensar espontaneamente é importante para a nossa própria sobrevivência. *Pensamentos intrusivos positivos* nos ajudam a ser criativos e a resolver problemas pessoais. Se pudéssemos, todos escolheríamos ter apenas pensamentos intrusivos positivos. No entanto, isso não é possível. Quando você é um pensador intrusivo criativo, terá pensamentos intrusivos positivos e negativos.

Portanto, o objetivo não é parar os pensamentos intrusivos negativos (se isso fosse possível), *mas aproveitar suas intrusões*. Você aprenderá a diminuir os efeitos de intrusões angustiantes indesejadas e a aumentar os benefícios do pensamento espontâneo positivo.

Você está tão focado em pensamentos e sentimentos negativos que esqueceu a vantagem de seus pensamentos espontâneos positivos? Talvez o pensamento intrusivo seja uma força mais positiva em sua vida do que você imagina. Nossa capacidade de pensar criativamente depende dos circuitos cerebrais que tornam possível o pensamento espontâneo. Então, se você é um pensador intrusivo, parabéns! Você tem uma incrível capacidade mental. Seu desafio é gerenciá-la com sabedoria.

---

[1] K. Christoff, "Undetected Thought: Neural Determinants and Correlates", *Brain Research* 1428 (2012): 51–59.
[2] M. A. Killingsworth and D. T. Gilbert, "A Wandering Mind is an Unhappy Mind," *Science* 330, no. 6006 (2010): 932.

PARA VOCÊ FAZER

Vamos dar um tempo no falatório mental negativo e usar um exercício para descobrir as intrusões mentais positivas — e até mesmo criativas — que você está experimentando todos os dias. Quantas vezes uma ideia de repente surge e resolve uma situação ou um problema complicado em sua vida? Imagine que você está tentando aprender um conceito complicado de matemática ou de ciências e não entende. De repente, uma solução vem à sua mente, e agora você entende. Quando isso acontecer, agradeça à sua mente criativa e intrusiva.

Durante as próximas semanas, use o Diário de intrusões criativas para capturar momentos em que uma ideia positiva, criativa ou inspiradora de repente aparece em sua mente. Na coluna à esquerda, anote a situação, a circunstância ou o problema que você enfrentou. Pode ser um problema escolar, uma situação com seus amigos ou um desentendimento com seus pais ou irmãos. Na coluna à direita, anote o pensamento ou a ideia inesperada que lhe deu uma melhor compreensão ou solução para o problema. (O *download* está disponível no material complementar do livro em loja.grupoa.com.br.)

Diário de intrusões criativas

Situação, circunstância ou problema	Pensamento intrusivo criativo de solução de problemas

    O que você descobriu sobre seu cérebro criativo? Você se surpreendeu com a frequência com que o pensamento intrusivo o ajudou a lidar com um problema, uma circunstância ou uma situação difícil? O pensamento intrusivo nem sempre é ruim — ele pode ajudar a resolver problemas difíceis em nossas vidas.

MAIS PARA VOCÊ FAZER

Se você ainda está com dificuldade para descobrir pensamentos intrusivos positivos, peça a um membro da família ou a um amigo próximo para ajudá-lo a listar suas boas ideias. Converse sobre algumas das suas boas ideias para lidar com problemas de relacionamento com amigos ou familiares ou melhorar suas atividades físicas, suas habilidades musicais ou artísticas e suas notas escolares. Anote essas ideias a seguir.

A. **Minhas boas ideias para esportes, música ou arte**

   1. _____

   2. _____

B. **Minhas boas ideias para aumentar as minhas notas**

   1. _____

   2. _____

C. **Minhas boas ideias para melhorar os relacionamentos com amigos, pais ou irmãos**

   1. _____

   2. _____

Depois de fazer suas listas de boas ideias, circule os números das ideias que vieram a você espontaneamente. Essas boas ideias simplesmente surgiram em sua mente, e você pensou *Brilhante! É exatamente isso que eu preciso fazer*. Elas são pensamentos intrusivos positivos, cortesia do seu cérebro criativo.

PARTE 2
Explore sua mente

6
O experimento do urso branco

PARA VOCÊ SABER

Quanto controle temos sobre nossa mente? Tenho certeza de que já aconteceu de você estar entediado na escola, com sua mente vagando longe do que estava acontecendo ao seu redor. Uma mente errante pode aliviar o tédio ou ser um pouco irritante — ou pode ser um problema sério, como quando você está respondendo uma avaliação e sua mente continua se desviando para um tema irrelevante. Você sabe que está desperdiçando um tempo valioso, mas sente-se incapaz de controlar suas distrações.

Todos nós experimentamos essas falhas no *controle mental* — a capacidade de focar nos pensamentos desejados e ignorar os indesejados.

No cerne do controle mental, está um dos maiores mistérios: o *paradoxo do controle mental*. Digamos que um pensamento perturbador surja em sua mente, como *Eu acho que Jason está me traindo*. Você não quer pensar dessa maneira, porque isso é perturbador. Se isso ficar em sua mente, você provavelmente acabará confrontando Jason, o que levará a uma discussão. Se isso acontecer repetidamente, pode resultar em um término — a coisa mais assustadora para você. Então, você tenta expulsar o pensamento ciumento da sua mente, mas quanto mais tenta *não pensar em Jason traindo*, mais pensa em Jason traindo. Quanto mais importante for esse pensamento que você *tenta evitar* e quanto mais emocionalmente perturbador, maior será o efeito paradoxal, porque quanto maior for o esforço para suprimi-lo (tentando não pensar sobre ele), mais ele atrairá sua atenção. É uma equação simples:

Mais esforço mental = menos controle mental

PARA VOCÊ FAZER

Se você tem algumas dúvidas sobre os limites do controle mental, tente fazer *o experimento do urso branco*.

Não pense no urso branco

Encontre um lugar tranquilo onde você possa se sentar confortavelmente sem interrupção. Feche os olhos, respire lenta e profundamente e relaxe. Depois de 1 ou 2 minutos de relaxamento, leia estas instruções e siga-as.

Defina o cronômetro do celular para 2 minutos. Agora, tente não pensar em um urso branco. *Tente evitar ao máximo pensar em um urso branco.* Se o pensamento de um urso branco surgir em sua mente, marque nas caixinhas a seguir e gentilmente volte sua atenção para qualquer pensamento, exceto o urso branco. Pare o experimento após 2 minutos, conte quantas caixinhas foram selecionadas e complete as duas avaliações na sequência.

Número total de intrusões de ursos brancos: ☐ ☐ ☐ ☐ ☐ ☐ ☐ ☐ ☐ ☐ ☐

1. Quão bem você manteve o pensamento do urso branco fora de sua mente? Circule:

    0 = nada bem   1 = moderadamente bem   2 = muito bem

2. Quanto esforço foi necessário para *não pensar* no urso branco? Circule:

    0 = sem esforço   1 = esforço moderado   2 = grande esforço

Você fez poucas ou muitas marcações? O urso branco continuou voltando à sua mente, apesar do seu máximo esforço? Se assim foi, você acabou de experimentar o paradoxo do controle mental. A maioria das pessoas que fazem o experimento do urso branco fica surpresa com sua dificuldade. Sua relevância para a ansiedade é clara. Quanto mais você tentar não pensar em algo que o deixa ansioso, mais vai pensar no pensamento ansioso. Lembre-se da equação de controle mental quando estiver fazendo as atividades do restante do manual.

MAIS PARA VOCÊ FAZER

Talvez o experimento do urso branco tenha feito você questionar se tem menos controle mental do que outras pessoas. Para descobrir, experimente fazer o teste do urso branco com alguns amigos ou familiares. Escolha pessoas em quem você confia, que serão honestas e levarão o experimento a sério. (Trapaceiros e farsantes não são bem-vindos!)

Repita o experimento com cada participante, fazendo-os levantarem a mão para sinalizar quando o pensamento do urso branco aparecer. Acompanhe essas aparições. Em seguida, peça a cada participante que complete as autoavaliações sobre sucesso e esforço.

Como seus resultados se comparam com os de seus participantes? Eles acharam tão difícil quanto você suprimir os pensamentos sobre o urso branco? O importante não é o número específico de marcações, mas aprender o quão difícil é impedir-se de pensar em um pensamento indesejado. Na verdade, quanto mais você tenta não pensar em algo, mais provavelmente pensará nisso. Usaremos essa descoberta no restante do manual para apresentar uma maneira mais eficaz de lidar com sua mente ansiosa.

7

Eu não quero pensar assim

PARA VOCÊ SABER

Você aprendeu que nosso controle mental é limitado. Todos temos pensamentos intrusivos indesejados que surgem em nossa mente e nos deixam ansiosos. Esses pensamentos grudam em nossa mente porque quanto mais tentamos não pensar neles, mais pensamos. Isso significa que a mente muitas vezes é distraída; ela pode até trabalhar contra si mesma! Veremos por que isso acontece considerando a história de Samantha.

Samantha (Sam), uma estudante universitária do primeiro semestre, sempre foi tímida e nervosa perto de desconhecidos. Para Sam, a parte mais apavorante de começar a faculdade foi conversar com outros alunos da sua turma e da república de estudantes. A ansiedade social dela começou com um pensamento intrusivo como *Você vai se sentir ansiosa; as pessoas vão notar isso e pensar que você é chata e estúpida*. Sam se esforçou para não insistir nesses pensamentos intrusivos ansiosos. Ela tentou se convencer de que ficaria bem, mas os pensamentos não desapareciam. A única solução parecia ser se isolar e evitar todas as atividades sociais.

Quando estamos ansiosos, certos tipos de pensamentos indesejados grudam em nossa mente. Se assumir que o seu pensamento deve ser importante porque você fica chateado e continua pensando nele, vai se esforçar para retirá-lo de sua mente. Uma vez que isso acontece, você está caindo no *paradoxo do controle mental*. Isso pode levar a outras formas de pensamento negativo, como preocupação, ruminação e até mesmo obsessão.

Vamos considerar o pensamento por trás da ansiedade social de Sam. Ela recebe uma mensagem avisando da festa de sexta-feira à noite em sua república. A mente ansiosa de Sam trabalha a todo vapor:

Eu não posso ir. Vou ficar ansiosa demais.	→	Isso significa que eu realmente estarei ansiosa, e as pessoas se perguntarão o que há de errado comigo.	→	Esforça-se para não pensar na festa; pensa em outra coisa.	→	Os esforços falham; Sam começa a se preocupar.
Sam tem uma intrusão ansiosa.		Ela interpreta a intrusão como significativa.		Ela aumenta seus esforços no controle mental.		Ela experimenta ainda mais pensamentos negativos e angústia.

Em conclusão, o problema de Sam está em se envolver com o pensamento intrusivo; isso o amplia e leva a mais ansiedade e preocupação.

PARA VOCÊ FAZER

Agora que você viu como a maneira de pensar de Sam aumentou sua ansiedade social, explore como o envolvimento com seus pensamentos ansiosos torna *você* mais ansioso. As perguntas a seguir focam em diferentes maneiras pelas quais você pode dar aos seus pensamentos ansiosos mais importância do que eles merecem. Se for necessário, depois você pode voltar e alterar suas respostas.

1. Escreva dois pensamentos intrusivos ansiosos que frequentemente surgem em sua mente. (Dica: veja os pensamentos grudentos que você listou na Atividade 1.)

   _____

   _____

2. Por que sente que esses pensamentos são tão importantes para você? (Dica: talvez pense que eles revelam quem você é de verdade ou tenha medo de que signifiquem que algo ruim vai acontecer com você.)

   _____

   _____

3. O que você acha que vai acontecer se não parar de pensar assim?

   _____

   _____

4. Que outros pensamentos negativos você está tendo devido aos pensamentos intrusivos ansiosos?

   _____

   _____

MAIS PARA VOCÊ FAZER

A maioria dos pensamentos que surgem em nossa mente não nos perturba. Todos os dias, temos pensamentos intrusivos que são tão sem importância que nem nos lembramos deles. Por que apenas certos pensamentos nos deixam ansiosos, enquanto o restante vem e vai com pouca influência sobre nossas emoções?

Depende de como lidamos com eles.

Você pode aprender muito sobre sua mente considerando a maneira como normalmente lida com os pensamentos intrusivos que não o perturbam. Sam às vezes tinha um pensamento intrusivo de seus pais se separando e como isso afetaria a vida dela. Observe como ela foi capaz de se acalmar por não se envolver com o pensamento ansioso sobre seus pais.

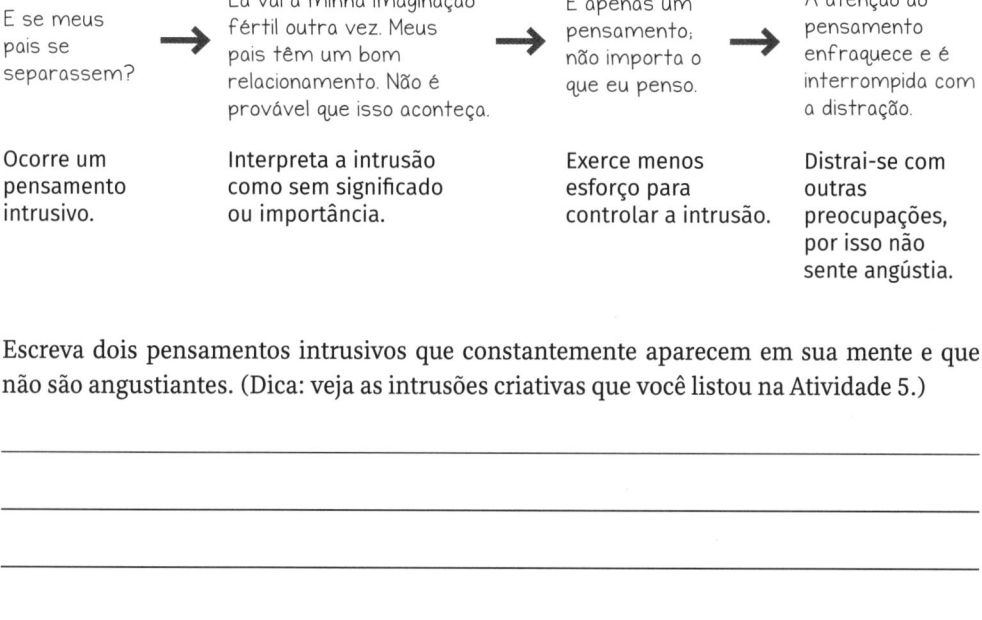

Escreva dois pensamentos intrusivos que constantemente aparecem em sua mente e que não são angustiantes. (Dica: veja as intrusões criativas que você listou na Atividade 5.)

_____

_____

_____

_____

1. O que torna esses pensamentos tão sem importância? (Dica: talvez você pense que eles são irrelevantes ou não está preocupado com quaisquer consequências.)

   _____

   _____

   _____

   _____

2. Você é capaz de deixar os pensamentos irem e virem em sua mente? Por que você se importa tão pouco se tem ou não esses pensamentos em sua mente?

   _____

   _____

   _____

   _____

8

Diário de intrusões ansiosas

PARA VOCÊ SABER

Quando você está ansioso, é fácil se concentrar em como se sente. É quase impossível ignorar as sensações desconfortáveis, como tensão muscular, estômago agitado, nervosismo e coração acelerado. Contudo, a maneira como pensamos também tem um grande efeito sobre a ansiedade. Normalmente, um pensamento perturbador surge em nossa mente, que então dá a partida na mente ansiosa. Algumas atividades anteriores introduziram essa ideia de *pensamentos intrusivos ansiosos*. Esses primeiros pensamentos são especialmente importantes para entender por que sua ansiedade aumenta com alguns pensamentos e não com outros. É importante melhorar a captura desses pensamentos intrusivos para que você possa lidar com a ansiedade antes que ela saia do controle.

PARA VOCÊ FAZER

Para acalmar sua mente ansiosa, você precisa identificar seus pensamentos intrusivos ansiosos. A forma mais eficiente de melhorar suas habilidades de detecção de ansiedade é criar o hábito de escrever o pensamento ansioso quando ele ocorre.

O Diário de intrusões ansiosas é uma boa maneira de acompanhar seus pensamentos ansiosos. (O *download* está disponível no material complementar do livro em loja.grupoa.com.br.) Na primeira coluna, descreva brevemente a situação que fez você se sentir ansioso. Pode ser algo que aconteceu em casa, com seus amigos, na escola, nos esportes ou com sua saúde. Na próxima coluna, escreva todos os seus pensamentos ansiosos sobre essa situação. Em seguida, circule o pensamento que você acredita ter sido o primeiro pensamento ansioso. Esse será o seu *pensamento intrusivo ansioso*. Na terceira coluna, escreva o que você tentou fazer para reduzir a ansiedade ou cessá-la completamente. Na primeira linha, você verá um exemplo baseado em Jonathan, um estudante do ensino médio que tinha intensa ansiedade nas provas.

Diário de intrusões ansiosas

Situação ansiosa	Pensamentos ansiosos	Resposta ansiosa: estratégias de enfrentamento
Exemplo de Jonathan: Estudando até tarde da noite antes de uma prova de física; lutando para entender certos problemas.	O que há de errado comigo? Por que não consigo resolver esses problemas? Eu não vou conseguir me sair bem nessa prova a menos que eu saiba tudo. Eu deveria ser capaz de resolver isso. Devo ser estúpido; isso foi explicado em sala de aula. Eu vou reprovar nessa prova. Vou acabar passando com notas ruins na matéria; desse jeito, não vou conseguir passar no vestibular.	Continuei tentando resolver os exercícios até tarde da noite para provar que eu conseguiria. Fiquei muito agitado e desabafei minha frustração com meus pais. Acabei desistindo e tentando dormir. (Nenhuma dessas estratégias ajudou; apenas fiquei mais ansioso.)

Situação ansiosa	Pensamentos ansiosos	Resposta ansiosa: estratégias de enfrentamento

Na maioria das vezes, o pensamento intrusivo ansioso será o primeiro pensamento, imagem ou memória que aparece em sua mente ao lidar com uma preocupação ou situação ansiosa. Observe que o pensamento intrusivo de Jonathan (*O que há de errado comigo? Por que não consigo resolver esses problemas?*) levou a outros pensamentos ansiosos, como prever que seria reprovado na prova de física e acabar com uma nota baixa, o que reduziria sua média de notas e as chances de passar no vestibular. Pensamentos intrusivos ansiosos são importantes porque inflamam nossa mente ansiosa. Se você aprender a lidar com o primeiro pensamento ansioso, será capaz de impedir que a ansiedade saia de controle.

MAIS PARA VOCÊ FAZER

Faça cópias do Diário de intrusões ansiosas para poder usá-lo sempre que sentir ansiedade intensa. Deve levar apenas 1 ou 2 minutos para escrever os pensamentos ansiosos quando eles acontecem. Se isso não for possível, faça uma breve anotação da experiência de ansiedade. No final do dia, recorde-se de suas experiências de ansiedade e anote os pensamentos ansiosos que passaram por sua mente. Se você tem dificuldade em saber no que está pensando quando está ansioso, comece lembrando o que *sentiu*.

Você aprendeu na Atividade 3 que a tristeza, o medo, a ansiedade e a raiva têm seus próprios conteúdos de pensamento únicos. O mesmo vale para outras emoções. Nós nos sentimos frustrados quando achamos que o progresso rumo a nossos objetivos será bloqueado, culpados quando pensamos que fizemos algo errado e constrangidos quando acreditamos ter passado tanta vergonha que os outros pensarão que somos idiotas. (Para mais informações sobre as conexões sentimento-pensamento, consulte as ferramentas gratuitas disponíveis no material complementar do livro em loja.grupoa.com.br.)

É importante saber como você pensa de forma ansiosa. Ao usar o Diário de intrusões ansiosas, você melhorará o rastreio de seus pensamentos ansiosos, especialmente o primeiro que aparece em sua mente. Se você tem dificuldade em descobrir no que pensa quando está ansioso, liste todas as emoções que sente com a ansiedade e, depois, procure os pensamentos que acompanham cada emoção.

9
Uma questão de importância

PARA VOCÊ SABER

Nosso cérebro está constantemente ativo. Os pensamentos enchem nossa mente a cada minuto do dia. Isso significa que nosso cérebro classifica milhares de pensamentos para determinar quais são os mais importantes para viver uma vida feliz e produtiva. Atribuímos a cada pensamento um nível de importância, e quanto mais importante for o pensamento, mais atenção lhe daremos.

Entretanto, o cérebro não é perfeito. Muitas vezes, damos maior importância a pensamentos que não merecem — ou menor importância a pensamentos saudáveis. E, com ansiedade, exageramos na importância dos pensamentos sobre ameaça e perigo.

Considere os pensamentos ansiosos de Samantha sobre falar com seus colegas. O pensamento surge na mente dela: *Eu estarei tão ansiosa, não serei capaz de suportar*. Ela presta muita atenção a esse pensamento porque acredita que é uma previsão certeira. Mas talvez a ansiedade possa não ser tão ruim quanto ela pensa; talvez ela lide melhor manejando isso. Se Samantha atribuísse menos importância ao pensamento, ela poderia dizer a si mesma: *É verdade que ficarei ansiosa, mas talvez eu seja capaz de passar por isso melhor do que imagino*.

PARA VOCÊ FAZER

Revise os pensamentos intrusivos que você escreveu em seu Diário de intrusões ansiosas (Atividade 8). Escolha um que ocorra com frequência e cause uma ansiedade considerável:

_____

_____

Agora, considere como você faz disso um pensamento importante e responda às seguintes perguntas.

1. Você está preocupado que o pensamento ansioso tenha algum efeito negativo sobre você ou que possa causar algo ruim? Se sim, descreva a consequência negativa aqui:

   _____

   _____

2. Você se culparia se não impedisse que essa consequência negativa acontecesse? Se sim, explique pelo que você se culparia:

   _____

   _____

3. Você acredita que o pensamento ansioso deve ser importante já que gasta muito tempo pensando sobre isso?

   Circule: SIM   NÃO

4. Você acredita que é importante não pensar no pensamento ansioso? Se sim, explique o que poderia acontecer se você perdesse o controle do pensamento:

   _____

   _____

Você tem se perguntado por que tem mais ansiedade do que seus amigos? É porque você presta mais atenção aos seus pensamentos ansiosos. Suas respostas a essas perguntas explicam por que você considera esses pensamentos ansiosos tão importantes. Os pensamentos ansiosos ficam grudados e, quando damos maior importância do que eles merecem, não conseguimos parar de pensar neles, o que faz a ansiedade aumentar. Logo, aprender a tornar os pensamentos ansiosos menos importantes é uma maneira eficaz de diminuir a ansiedade.

MAIS PARA VOCÊ FAZER

Se você ainda não tem certeza de como está dando tanta importância aos seus pensamentos ansiosos, considere as respostas de Sam às mesmas perguntas.

Pensamento intrusivo ansioso de Sam: Eu não posso ir à festa da república; estarei tão ansiosa que não serei capaz de suportar.

1. **Resposta de Sam à primeira pergunta:** Até mesmo pensar na festa da república me deixa ansiosa. Se a ansiedade é tão ruim agora, será insuportável na festa. Vou ficar totalmente envergonhada.

2. **Resposta de Sam à segunda pergunta:** Claro. A culpa é toda minha. Eu deveria ter um melhor controle sobre minhas emoções. Se eu fizer papel de idiota, é porque eu não tenho um bom controle sobre a minha ansiedade.

3. **Sam circulou NÃO na terceira questão.**

4. **Resposta de Sam à quarta pergunta:** Eu preciso parar de pensar em ficar ansiosa antecipadamente, eu posso me forçar a ir à festa. Se eu estou pensando assim agora, isso vai me deixar ainda mais ansiosa na festa.

Agora, selecione outro pensamento intrusivo ansioso do seu Diário de intrusões ansiosas. Tente responder às quatro questões novamente. Sua maneira de pensar sobre (isto é, de interpretar) seu pensamento ansioso é diferente ou semelhante à de Sam? Mais adiante no manual, voltarei a essa questão de como exageramos na importância do pensamento ansioso e como isso pode nos fazer sentir ansiosos.

10
Esforce-se para não pensar

PARA VOCÊ SABER

Carol postou um vídeo de uma dança engraçada nas redes sociais. No início, ela recebeu várias curtidas, mas depois alguém postou um comentário desagradável. Carol começou a se sentir ansiosa, pensando que outros também poderiam não gostar do seu vídeo. Ela desejou nunca ter postado. Acabou apagando o vídeo, mas já era tarde demais. Em sua mente, o estrago estava feito. Ela ficou pensando *Todo mundo acha que eu sou um fracasso. Como posso encará-los?* Para Carol, seu pensamento ansioso sobre o vídeo foi extremamente importante. Ela teve que enfrentar essas pessoas na escola e lidar com seus comentários *on-line*. Portanto, faz sentido que Carol tenha se esforçado para não pensar no vídeo desastroso. Contudo, você se lembra do experimento do urso branco (Atividade 6)? Quanto mais tenta não pensar em um pensamento, mais você acaba pensando nele. Então, quanto mais Carol tentava não pensar sobre o vídeo e sua reputação, mais ela pensava.

PARA VOCÊ FAZER

Você está como Carol, esforçando-se para não pensar em seus pensamentos ansiosos? Anote dois desses pensamentos que você tenha registrado em seu Diário de intrusões ansiosas (Atividade 8).

_____

_____

Agora, responda a estas perguntas.

1. A respeito dos dois pensamentos ansiosos, quanto esforço mental (concentração) você colocou na tentativa de tirá-los de sua mente?

    ☐ *Tentou muito.*

    ☐ *Tentou moderadamente.*

    ☐ *Fez um pequeno esforço.*

    ☐ *Nem tentou.*

2. Com que frequência você tenta controlar seus pensamentos ansiosos?

    ☐ *Toda vez que eu os tenho.*

    ☐ *Somente quando estou me sentindo chateado ou ansioso.*

    ☐ *Eu geralmente não tento.*

    ☐ *Eu nunca tento; apenas deixo ir e vir.*

Mesmo que você tente apenas de forma moderada não pensar de forma ansiosa e tente controlar seus pensamentos apenas quando está chateado, ainda está colocando muito esforço no controle do pensamento. Quanto mais você tenta não pensar ansiosamente, mais sobrecarrega esses pensamentos que grudam em sua mente.

MAIS PARA VOCÊ FAZER

Quando pensamentos perturbadores surgem em sua mente e você está tentando não pensar sobre eles, é natural usar certas estratégias mentais. Nós as usamos com tanta frequência que mal ficamos cientes do que estamos fazendo. O importante é que algumas estratégias são mais eficazes do que outras.

A seguir está uma lista de 17 estratégias comuns de controle mental. (O *download* está disponível no material complementar do livro em loja.grupoa.com.br.) Pense em quando você se sentiu ansioso. Em seguida, leia cada item e circule SIM se você constantemente usa essa estratégia de controle ou NÃO se raramente a usa. Também classifique a provável eficácia de cada uma, com 0 para não eficaz, 1 para um pouco eficaz e 2 para muito eficaz.

Estratégias de controle mental

Estratégia de controle	Relevância		Classificação de eficácia		
1. Distração; penso em outra coisa.	SIM	NÃO	0	1	2
2. Tento dar sentido ao pensamento ansioso.	SIM	NÃO	0	1	2
3. Eu me critico por pensar de forma ansiosa.	SIM	NÃO	0	1	2
4. Eu busco tranquilidade com a família ou os amigos.	SIM	NÃO	0	1	2
5. Eu digo a mim mesmo para parar de pensar de forma ansiosa.	SIM	NÃO	0	1	2
6. Eu me distraio com uma tarefa que odeio fazer.	SIM	NÃO	0	1	2
7. Eu tento descobrir por que estou tendo esses pensamentos ansiosos.	SIM	NÃO	0	1	2
8. Procuro evidências para me convencer de que o pensamento ansioso é bobo.	SIM	NÃO	0	1	2
9. Eu me comporto compulsivamente (p. ex., ficar conferindo) ou repito a mesma frase para que eu me sinta menos ansioso quando tiver o pensamento.	SIM	NÃO	0	1	2
10. Eu me concentro no pensamento ansioso para expulsá-lo da minha mente.	SIM	NÃO	0	1	2

Estratégia de controle	Relevância		Classificação de eficácia		
11. Deixo o pensamento ansioso instalar-se em minha mente e não faço nada para controlá-lo.	SIM	NÃO	0	1	2
12. Tento transformar o pensamento ansioso em algo positivo.	SIM	NÃO	0	1	2
13. Tento relaxar, meditar ou respirar devagar.	SIM	NÃO	0	1	2
14. Eu rio de mim mesmo, fazendo graça do meu pensamento ansioso.	SIM	NÃO	0	1	2
15. Eu rezo.	SIM	NÃO	0	1	2
16. Digo a mim mesmo que tudo vai ficar bem.	SIM	NÃO	0	1	2
17. Evito pessoas ou situações que possam desencadear pensamentos ansiosos.	SIM	NÃO	0	1	2

Reserve um momento para revisar suas respostas. Você pode estar fazendo duas coisas que pioram o pensamento ansioso: tentando muito não pensar ansiosamente e usando estratégias de controle que não são muito eficazes. Não desanime. A maioria de nós faz exatamente a mesma coisa quando está ansiosa. A boa notícia é que você descobriu duas maneiras de reduzir sua ansiedade: diminuir seu esforço de controle mental e mudar a maneira como lida com pensamentos ansiosos. Você aprenderá a fazer as duas coisas no restante do manual.

PARTE 3

Acalme seu pensamento ansioso

11
Pensamento tóxico

PARA VOCÊ SABER

Um famoso psicólogo chamado Albert Ellis chamou os pensamentos negativos que nos fazem sentir mal sobre nós mesmos de *pensamentos tóxicos*. Seus pensamentos intrusivos ansiosos são um tipo de pensamento tóxico porque fazem você se sentir fraco, inferior e com medo. Pensamentos como *E se eu falhar? E se eles acharem que eu sou estranho?* e *Não consigo fazer isso* são todos exemplos de pensamento tóxico ansioso. Quando seu pensamento intoxica você dia após dia, isso pode prejudicar a forma como você se vê, e sua autoestima cai bastante. Você começa a pensar em si mesmo como fraco, indefeso e incapaz de lidar com a vida.

Isabella era uma pessoa com o hábito de pensar profundamente sobre as coisas e que adorava ler ficção científica e histórias paranormais que questionavam a realidade e o sentido da vida. Muitas vezes, ela tinha um pensamento intrusivo como *Eu me pergunto se a vida é real ou estamos vivendo um sonho?* Às vezes, ela brincava com essa ideia, tentando se convencer de que não estava viva. Mas sempre acabava rindo de si mesma e pensando *Que ideia estranha! Eu tenho uma imaginação fértil.* Esse não era um pensamento tóxico, pois não fazia Isabella se sentir mal consigo mesma. Entretanto, quando ela teve o pensamento *E se eu acabar sozinha e infeliz o resto da minha vida por ser tão diferente de todos os outros?*, sentiu-se ansiosa e desamparada. Isso a lembrou de que o futuro é incerto. Claramente, isso era um pensamento tóxico intrusivo, porque a fazia se sentir mal consigo mesma.

Você é como Isabella? Você sabe quando seus pensamentos ansiosos se tornam pensamentos tóxicos?

PARA VOCÊ FAZER

Descubra se o pensamento tóxico está deixando você ansioso e prejudicando sua autoestima com esta investigação de três partes.

1. Pense em um evento recente em que algo perturbador ou desagradável aconteceu com você — como uma decepção, um comentário indelicado, uma discussão ou uma situação difícil.

    Experiência desagradável de Isabella: Ouvi dizer que minha tia tinha câncer. Ela ainda tem filhos pequenos. Toda a nossa família está muito chateada com essa notícia.

    Escreva sua experiência desagradável: _____
    _____

2. Quando pensa sobre essa experiência, que pensamentos surgem em sua mente?

    Pensamentos intrusivos de Isabella: Não temos como saber se algo ruim acontecerá no futuro.

    Seus pensamentos intrusivos sobre sua experiência: _____
    _____

3. Quando pensa sobre essa experiência ruim, como ela faz você se sentir? O que você está pensando sobre si mesmo? Você se culpa ou se critica?

    Exemplo de Isabella: Eu me sinto ansiosa e assustada quando penso no futuro. Isso me faz pensar que tenho tão pouco controle sobre a vida. Isso me faz pensar em mim mesma como fraca, frágil e indefesa.

    Como a sua experiência fez você se sentir: _____
    _____
    _____

Se seus pensamentos ansiosos no passo 2 fizeram você se sentir mal consigo mesmo, você experimentou um *pensamento tóxico*.

MAIS PARA VOCÊ FAZER

Dê uma olhada nos pensamentos intrusivos ansiosos que você escreveu no passo 2 e como eles fizeram você se sentir sobre si mesmo no passo 3. Como você poderia pensar de forma diferente sobre sua experiência negativa para que ela não se torne um pensamento tóxico?

Exemplo de Isabella: Todo mundo vive sem saber do futuro. Algumas pessoas que conheço vivem bem a sua vida e outras não. Isso significa que eu tenho controle sobre como eu escolho viver minha vida. Eu posso me concentrar em cada dia e vivê-lo da melhor maneira.

Escreva como você poderia pensar de forma diferente aqui: _____

_____

_____

12

Pensando sobre pensar

PARA VOCÊ SABER

Seu cérebro já surpreendeu você? Você já se impressionou por ter resolvido um problema matemático difícil, escrito uma música ou um poema ou dominado uma coreografia de dança difícil ou uma peça musical? Nosso cérebro faz outra coisa igualmente incrível: podemos pensar sobre pensar. Isso mesmo. Você pode pensar sobre algo e, em seguida, pensar mais profundamente sobre o que está pensando.

Os psicólogos chamam o ato de pensar sobre pensamentos de *metacognição*. Nossos cérebros fazem isso o dia todo. Tentamos entender o sentido e o significado de nossos pensamentos. Podemos nos perguntar: *Por que estou pensando nisso agora? De onde veio esse pensamento? O que isso significa?* ou *O que devo fazer a respeito?*

A metacognição faz alguns pensamentos ansiosos se tornarem tóxicos, mas outros não. Veja como funciona: Clayton sentiu uma forte atração por Janice. De repente, ele pensou *Eu deveria enviar a Janice uma solicitação de amizade*. Contudo, esse pensamento o encheu de ansiedade. Ele começou a se preocupar se deveria fazer isso ou não. Ele duvidou de si mesmo. Talvez ela fosse boa demais para ele. Isso estava se tornando um pensamento tóxico para Clayton. Ele estava ficando ansioso e triste consigo mesmo.

Quando Clayton pensou *Eu deveria enviar a Janice uma solicitação de amizade*, interpretou esse pensamento como uma ameaça significativa. Ele começou a imaginar o que poderia dar errado: ela poderia ignorar sua solicitação, pensar que ele é estranho ou esquisito e contar a todos os seus amigos. Ele poderia acabar se sentindo envergonhado e humilhado. Seu pensamento havia se tornado um pensamento tóxico.

PARA VOCÊ FAZER

Anote o pensamento ansioso que surgir em sua mente. Para ter ideias, olhe para o seu Diário de intrusões ansiosas (Atividade 8).

Meu pensamento intrusivo ansioso: _____

_____

_____

As próximas perguntas sobre *metacognição* podem ajudar você a descobrir como está pensando sobre o pensamento ansioso. Você aprenderá se o pensamento o faz se sentir ansioso por acreditar na importância dele — uma ameaça pessoal significativa.

1. Como o pensamento ansioso faz você pensar negativamente sobre si mesmo? Escreva esses pensamentos negativos:

   _____

   _____

   _____

   _____

2. O pensamento ansioso aumenta a chance de que algo ruim aconteça com você? Se sim, o que você teme que aconteça?

   _____

   _____

   _____

   _____

3. O pensamento ansioso o fez relembrar de alguma experiência ruim? Se sim, qual?

_____

_____

_____

_____

4. Você agiu ou se sentiu de forma diferente por causa do pensamento intrusivo ansioso? Descreva como o pensamento mudou seus sentimentos e comportamentos:

_____

_____

_____

_____

5. Você acha que é importante não pensar no pensamento intrusivo? Explique o porquê:

_____

_____

_____

_____

MAIS PARA VOCÊ FAZER

Escreva um pequeno parágrafo que descreva como você pensa sobre o pensamento intrusivo ansioso. Essa é a sua metacognição com base em suas respostas anteriores. Isso explicará por que o pensamento ansioso é tão significativo que se tornou um pensamento tóxico para você.

Aqui está o exemplo de Clayton:

Uma razão pela qual estou prestando tanta atenção a esse pensamento é que ele me faz sentir inferior. Estou convencido de que pensar tanto na solicitação de amizade vai me trazer azar. Isso vai me desorientar e vou parecer idiota. Pensar assim traz má sorte. Isso vai tornar mais difícil agir de forma natural e confiante próximo a Janice. Também me lembra a humilhação do passado, como quando convidei uma garota para o cinema e ela inventou uma desculpa qualquer. Pensar em Janice toma conta da minha mente. Isso me deixa para baixo, e eu não sinto vontade de fazer qualquer coisa. É importante que eu pare de pensar assim. Eu preciso ter um controle melhor sobre mim.

Meu parágrafo a respeito de "pensar sobre pensamentos":

_____
_____
_____
_____
_____
_____
_____
_____
_____
_____
_____
_____

13

Pensamentos ansiosos saudáveis

PARA VOCÊ SABER

As duas atividades anteriores se concentraram no pensamento ansioso não saudável: o pensamento tóxico. No entanto, nem todos os pensamentos intrusivos são negativos, do mesmo modo que nem todos os pensamentos ansiosos são prejudiciais. Depende de como pensamos sobre os pensamentos. Nós chamamos isso de *metacognição*.

Pense em um evento ou uma atividade em que você quer se destacar. Talvez seja seu time disputando finais de campeonatos, uma apresentação de dança ou música, uma prova na faculdade ou em um estágio. Você teve pensamentos intrusivos sobre isso por dias e está nervoso com o evento. Se seus pensamentos ansiosos fossem saudáveis, você poderia pensar:

Obviamente, estou preocupado com esse evento, porque não consigo parar de pensar nele. Vou pensar sobre o que é mais provável de acontecer. Vai ser nítido que estarei nervoso, mas ninguém vai se importar. Eles estarão focados em seu próprio desempenho. No passado, eu gerenciei minha ansiedade em situações semelhantes, então posso fazer isso novamente.

Essa seria uma maneira saudável de pensar sobre sentir-se ansioso.

PARA VOCÊ FAZER

Esta atividade é projetada para ajudá-lo a descobrir se você tem um pensamento ansioso saudável.

Comece lembrando de alguma experiência difícil ou estressante que você vivenciou com sucesso — uma competição, uma avaliação, uma questão familiar ou um problema de relacionamento. Ao lidar com essa experiência, pensamentos ansiosos ou preocupantes surgiram em sua mente? Tente se lembrar de pensamentos que fizeram você se sentir um pouco ansioso, mas não lhe deixaram atrapalhado. Escreva-os aqui:

_____
_____
_____
_____
_____
_____
_____
_____

Em seguida, revise as possibilidades prováveis de como você pode ter se convencido de que os pensamentos ansiosos não eram importantes — que você poderia lidar com a situação. Descreva o que você disse a si mesmo em cada caso.

1. *O pensamento não tem influência no meu futuro.* Como você se convenceu de que isso é verdade?

_____
_____
_____

2. *Não há nada que eu possa fazer sobre o pensamento — está tudo na minha imaginação, e não há nada para resolver.* O que o ajudou a se convencer de que isso é verdade?

_____

_____

_____

3. *Não devo tentar controlar o pensamento.* Como você se lembrou de parar com esse esforço?

_____

_____

_____

4. *Esse pensamento não tem significado pessoal para mim.* O que o ajudou a deixar de lado esse sentimento de que o pensamento *era* significativo?

_____

_____

_____

Pense em como você interpretou seu pensamento intrusivo ansioso na atividade sobre pensamentos tóxicos. Compare suas respostas com as que você forneceu nessa atividade. Você pode ver como o pensamento ansioso se torna prejudicial quando pensa nele como uma ameaça pessoal significativa com a qual não pode lidar? Contudo, o pensamento torna-se saudável quando pensa nele como insignificante e algo com o qual pode lidar. Podemos usar a metacognição para determinar como nossos pensamentos nos fazem sentir mais ou menos ansiosos.

MAIS PARA VOCÊ FAZER

Você observou como acaba tornando saudáveis alguns pensamentos ansiosos. É natural que pensamentos ansiosos ou preocupantes surjam em sua mente antes de um evento importante e estressante. Com base em suas respostas às perguntas anteriores, escreva um parágrafo sobre pensamentos saudáveis. Explique como você se convenceu de que seus pensamentos ansiosos sobre o evento estressante não eram uma grande ameaça. Inclua frases sobre como você acredita que pode lidar com os pensamentos intrusivos e a própria situação.

_____

_____

_____

_____

_____

_____

_____

_____

14

Não é uma catástrofe

PARA VOCÊ SABER

Quando tem um pensamento ansioso, às vezes você o leva a extremos e imagina que algo terrível poderia acontecer? Digamos que seu pensamento intrusivo ansioso é que você não se encaixa com seus amigos. Então, você imagina todo mundo tirando sarro de você pelas costas e postando coisas sobre você ser um idiota. Se é assim que sua mente ansiosa funciona, podemos chamar isso de *catastrofização*. Quando você catastrofiza, seu pensamento se torna prejudicial, e sua ansiedade piora.

Existem dois grandes problemas com a catastrofização:

- Supomos, para além do que seria realista, que o resultado ruim é o mais provável de acontecer.
- Imaginamos a pior possibilidade possível, grave e avassaladora.

O pensamento catastrófico desempenha um grande papel na sua ansiedade? Coisas ruins *podem* acontecer, e precisamos estar preparados para elas. Mas o pensamento catastrófico é diferente. Quando catastrofizamos, pensamos apenas na pior possibilidade. Também pensamos e agimos como se ela fosse acontecer com certeza. Em vez de *Vou fazer o teste para o time e passar na peneira*, nós catastrofizamos *Vou fazer o teste para o time, vou ser o pior de todos e acabar sendo motivo de chacota para toda a escola*.

PARA VOCÊ FAZER

Anote um pensamento ansioso intenso que você registrou em seu Diário de intrusões ansiosas (Atividade 8):

_____
_____
_____
_____
_____
_____

Quando teve esse pensamento ansioso, você imaginou vários resultados possíveis? Liste algumas possibilidades:

_____
_____
_____
_____
_____
_____

Olhe para o pior resultado possível que você listou. É remotamente possível, mas improvável, que aconteça? Isso é um pensamento catastrófico. Escreva-o aqui:

_____
_____
_____
_____
_____
_____

MAIS PARA VOCÊ FAZER

Você pode aprender várias maneiras de desligar o pensamento catastrófico:

- Pense em seu pensamento intrusivo ansioso como uma experiência levemente perturbadora.
- Faça uma lista de possíveis resultados de menor gravidade até sua aflição ansiosa.

O pensamento catastrófico é um hábito difícil de romper. Contudo, você pode fazer isso criando uma história *nova* e *menos grave*, que poderá usar quando a ansiedade ou a preocupação retornarem. Com base em seus exemplos de pensamento catastrófico, responda a estas perguntas:

1. Imagine três resultados possíveis menos extremos, embora ainda indesejáveis, para a sua preocupação ansiosa:

    a. _____

    b. _____

    c. _____

2. Esses resultados menos extremos são mais prováveis de acontecer do que a catástrofe? Classifique cada resultado possível em uma escala de 0% (sem chance de acontecer), 50% (metade das chances de acontecer) até 100% (certeza de que isso acontecerá):

    a. _____

    b. _____

    c. _____

3. Existe alguma maneira de ser menos negativo sobre o pensamento intrusivo ou pelo menos pensar nele de forma mais positiva? Pense em uma situação que o deixa ansioso e descreva como seus pensamentos podem ser menos catastróficos:

    _____

    _____

    _____

Com vários resultados possíveis menos extremos imaginados, é hora de juntar tudo. Escreva uma nova história com uma possibilidade menos extrema sobre a qual você poderia pensar ao se sentir ansioso:

_____

_____

_____

_____

_____

_____

_____

_____

Passar a acreditar na história reescrita mais do que na catastrófica exigirá muita prática, por isso, sempre que você tiver um pensamento intrusivo ansioso, pratique reescrever e imaginar uma história nova e menos extrema. Com o tempo, você começará a pensar com maior naturalidade de maneira menos extrema — e se sentirá menos ansioso.

15

Teste de realidade

PARA VOCÊ SABER

O que você vê, ouve e sente é a base da sua *realidade*. A imaginação é o oposto da sua realidade; são duas experiências muito diferentes. Saber a diferença entre imaginação e realidade é muito importante para a nossa saúde mental.

O pensamento ansioso está conectado à realidade e à imaginação. Catastrofizar é um exemplo de pensamento ansioso ligado à nossa imaginação. No entanto, os pensamentos ansiosos também podem ter uma conexão com a nossa realidade. Podemos ficar ansiosos com o que está acontecendo conosco agora. Assumimos que pensamentos ansiosos provocados pela realidade são mais importantes, de modo que é mais provável que prestemos atenção a eles. Quando isso acontece, esses pensamentos aumentam nossa ansiedade.

Digamos que você tenha o pensamento intrusivo *Vou ser zoado na escola hoje?* Esse pensamento causará muita ansiedade porque está conectado à sua experiência diária. Você pode supor que apenas ter o pensamento intrusivo significa que há uma boa chance de sofrer *bullying*.

Todos nós cometemos erros em nosso pensamento quando se trata de ansiedade. Catastrofizar é um erro ligado à nossa imaginação. O pensamento tóxico é outro. Um terceiro erro é exagerar na conexão entre o nosso pensamento ansioso e o que acontece em nosso mundo real. Você está pensando que as coisas podem dar errado no seu dia porque teve pensamentos intrusivos ansiosos? Você está tratando seus pensamentos como se fossem uma previsão de coisas ruins que virão em seu caminho? Vejamos se isso acontece em sua imaginação ou na realidade.

PARA VOCÊ FAZER

Pense nos momentos em que você teve pensamentos ansiosos ou preocupantes e, em seguida, responda às perguntas a seguir.

Quando surgiram pensamentos ansiosos em sua mente, com que frequência algo ruim aconteceu com você depois? Liste alguns exemplos:

1.	4.
2.	5.
3.	6.

Quando você teve um pensamento intrusivo ansioso, com que frequência o resultado ruim que você esperava *não* aconteceu? Dê um exemplo:

_____

_____

Em sua experiência, você tem um pensamento ansioso; teme que algo ruim aconteça, mas isso não acontece. Isso significa que o pensamento intrusivo ansioso é resultado de sua imaginação?

_____

_____

Esse exercício é chamado de *teste de realidade*. É uma maneira eficaz de reduzir a ansiedade. Você descobriu que pode ter um pensamento ansioso sem que nada de incomum aconteça depois. Os psicólogos geralmente aconselham: *Trate seus pensamentos como se fossem pensamentos, e não fatos*. Um pensamento intrusivo de algo ruim acontecendo não é o mesmo que algo ruim acontecendo.

MAIS PARA VOCÊ FAZER

Fazer uma previsão é outra maneira de testar a realidade de seus pensamentos ansiosos. Quando um pensamento ansioso surgir em sua mente, escreva-o na coluna à esquerda da planilha. (O *download* está disponível no material complementar do livro em loja.grupoa.com.br.) Na segunda coluna, anote o que você teme que possa acontecer. Essa é a sua previsão. Espere alguns dias e escreva o que realmente aconteceu. Sua previsão se tornou realidade? A primeira linha mostra um exemplo.

Planilha de previsões ansiosas

Pensamento intrusivo ansioso	Faça sua previsão	Descreva o que aconteceu depois
Vou ser zoado na escola hoje.	Alex vai fazer um comentário grosseiro quando eu entrar no ônibus; todos os seus amigos vão começar a rir e a zombar de mim.	Nos três dias seguintes em que entrei no ônibus, uma vez Alex fez um comentário grosseiro, mas todos o ignoraram.
1.		
2.		

Pensamento intrusivo ansioso	Faça sua previsão	Descreva o que aconteceu depois
3.		
4.		
5.		
6.		

O que você percebeu com essa atividade? As coisas correram melhor do que o esperado? Isso significa que os pensamentos ansiosos não tinham uma forte conexão com a realidade. Sua mente ansiosa espera que coisas ruins aconteçam, mas elas não acontecem da maneira que você espera. O teste de realidade é outra maneira de acalmar sua mente ansiosa.

16
Pensando com mais calma

PARA VOCÊ SABER

Não podemos impedir que coisas difíceis aconteçam em nossa vida. Se você tem uma mente ansiosa, há muito com o que se preocupar na escola, em casa e com seus amigos. Essa foi a experiência de Bruna. Assim que ela saiu do conforto e da segurança de sua família, a ansiedade a dominou. Estar perto de pessoas que ela não conhecia ou viajar para lugares desconhecidos a fez se sentir ansiosa.

Você aprendeu muito sobre sua mente ansiosa com as atividades que fez até aqui. Agora, é hora de juntar tudo isso e descobrir seu oposto: sua *mente calma*. Com a experiência de Bruna como guia, você pode usar sua mente calma para combater a ansiedade que sente de um pensamento intrusivo angustiante.

PARA VOCÊ FAZER

1. Anote uma situação, pessoa ou experiência que faça você se sentir ansioso.

    Minha preocupação ansiosa: _____

    _____

    Exemplo de Bruna: Estar perto de alunos e professores que não conheço.

2. Anote um pensamento intrusivo angustiante sobre sua preocupação ansiosa:

    _____

    _____

    Exemplo de Bruna: E se um garoto que eu não conheço falar comigo e eu surtar de ansiedade?

3. Escreva uma maneira mais calma de pensar sobre o que o deixa ansioso. Essa será a sua história de pensamento calmo. Inclua os seguintes pontos:

    a. Todo mundo tem pensamentos intrusivos negativos. Sua história de pensamento calmo inclui maneiras pelas quais o pensamento ansioso é menos ameaçador do que você pensa.

    b. Recorde as vezes em que você esperava o pior, mas ele não aconteceu. Anote o que realmente aconteceu.

    c. Afirme que seu pensamento ansioso está conectado principalmente à sua imaginação. Normalmente, o pensamento ansioso tem pouca conexão com sua vida diária.

    d. Dê exemplos de como você continuou com o seu dia, apesar de ter o pensamento ansioso.

    e. Pense em como você poderia transformar o pensamento intrusivo ansioso em algo positivo. Por exemplo, seu pensamento intrusivo pode ser um sinal de criatividade, um resultado de ser uma pessoa atenciosa ou parte de uma personalidade sensível. Considere se o pensamento intrusivo ajuda você a lidar com problemas em sua vida.

História de pensamento calmo de Bruna: Provavelmente, a maioria das garotas do ensino médio pensou que se sentiria desconfortável, talvez até desajeitada, conversando com um garoto que não conhece. Isso realmente aconteceu comigo. Eu me sentia desconfortável e desajeitada quando um garoto que eu não conhecia falava comigo. Mas eu nunca fiz papel de idiota. O pensamento ansioso é a minha imaginação catastrófica. O pensamento intrusivo é um bom lembrete de que eu preciso ter mais experiência praticando minhas habilidades de conversação. Eu posso fazer isso e aceitar que estarei ansiosa ao mesmo tempo.

Minha história de pensamento calmo: _____
_____
_____
_____
_____
_____
_____
_____
_____
_____
_____
_____
_____

Você pode usar sua história de pensamento calmo sempre que tiver um pensamento ansioso. É uma boa maneira de desligar sua mente ansiosa. Quando fizer isso, se sentirá menos ansioso. Você pode até se sentir mais calmo e confiante para lidar com problemas difíceis em sua vida.

MAIS PARA VOCÊ FAZER

Você tentou escrever uma história de pensamento calmo, mas isso não ajudou? Você ainda está se sentindo ansioso com a situação. Possivelmente, você se sentiu ansioso por tanto tempo que é difícil imaginar a situação de uma maneira mais tranquila.

Se isso aconteceu com você, imagine como um amigo ou um membro da família calmo e não ansioso pode pensar sobre sua preocupação ansiosa. Por exemplo, Bruna poderia escrever sobre como sua amiga calma e confiante, Cassandra, pensa sobre a possibilidade de um garoto desconhecido falar com ela.

Escreva a história de pensamento calmo do seu amigo não ansioso e confiante aqui. Se você não consegue imaginar isso, peça ao seu amigo para ajudar com esse exercício. Cassandra poderia dizer a Bruna o que pensa quando a ideia de um garoto desconhecido falar com ela aparece em sua mente.

A história de pensamento calmo do meu amigo: _____

_____
_____
_____
_____
_____
_____
_____

Agora, use ideias da história de pensamento calmo do seu amigo para revisar sua história de pensamento calmo.

Minha história de pensamento calmo revisada: _____

_____
_____
_____
_____
_____
_____

17
Matando o dragão

PARA VOCÊ SABER

Você tem medo de seus pensamentos ansiosos? Você tenta escapar do pensamento ansioso quando ele aparece em sua mente? Ele tornou-se um dragão mental que o assusta? Se isso está acontecendo com você, é hora de *matar o dragão*. Isso significa enfrentar o pensamento ansioso e calmamente encará-lo.

Há uma estratégia poderosa para vencer o medo desses pensamentos. Digamos que você esteja preocupado em se sair mal em uma prova de matemática. Pensamentos de preocupação sobre a prova surgem em sua mente, e você continua tentando afastá-los. E se você reservasse um tempo e dissesse a si mesmo: *Todos os dias, pelas próximas duas semanas, vou reservar 30 minutos e imaginar a catástrofe de possivelmente falhar na prova de matemática*? Agora, você está assumindo o controle da preocupação. Inicialmente, imaginar o pior fará você se sentir mais ansioso, mas, quanto mais pensar sobre a possibilidade de falhar, provavelmente menos ansioso se sentirá. Logo, você ficará entediado com a atividade. Talvez também comece a pensar em maneiras de melhorar sua preparação para a prova. Você está mudando do pensamento catastrófico (*E se?*) para o pensamento de resolução de problemas (*O que posso fazer?*). Vamos aprender a matar o dragão da preocupação.

PARA VOCÊ FAZER

Reserve 30 minutos por dia para confrontar seus pensamentos ansiosos. Escolha um local onde você estará confortável e livre de distrações. Tenha disponíveis as histórias que você desenvolveu em Não é uma catástrofe (Atividade 14) e Pensando com mais calma (Atividade 16).

1. Para ficar relaxado, reserve de 2 a 3 minutos para se concentrar na respiração lenta e profunda.
2. Traga à mente o pensamento intrusivo ansioso ou a preocupação. Concentre toda a sua atenção em seu pensamento catastrófico. Lembre-se de como você pensa mal de si mesmo e exagera na possibilidade de algo ruim acontecer. É importante tornar a experiência o mais realista possível.
3. Leia em voz alta suas histórias de pensamento calmo e menos extremo. Observe as razões pelas quais você percebeu que o pensamento ansioso é um pensamento normal, com ameaça e importância limitadas. Continue se lembrando de que é apenas um pensamento, e que algo menos ameaçador é mais provável de acontecer. Reserve 5 minutos para esse passo.
4. Volte a se concentrar em sua respiração relaxante por alguns minutos.
5. Repita as etapas 2 e 3 várias vezes ao longo da sessão.
6. Sua mente ficará distraída. Aceite a distração. Em seguida, gentilmente traga sua atenção de volta para o pensamento ansioso e suas histórias de pensamento calmo/ menos extremo.
7. Use a planilha a seguir para anotar sua experiência nessa atividade. (O *download* está disponível no material complementar do livro em loja.grupoa.com.br.) Classifique sua ansiedade no início e no final da sessão em uma escala de 0 a 10, em que 0 = sem ansiedade e 10 = ansiedade intensa, quase em pânico.

Planilha de registro do matador de dragão

Data	Duração da sessão (minutos)	Classificação de ansiedade inicial (0–10)	Classificação de ansiedade final (0-10)

Ao repetir essa atividade, você descobrirá que:

- Quanto mais você matar o dragão da preocupação, menos temerá seus pensamentos intrusivos ansiosos.
- Você se tornará mais capaz de mudar de uma mente ansiosa para uma maneira mais calma de pensar.

Depois de fazer algumas sessões de "matador de dragões", você se sentiu menos ansioso?

MAIS PARA VOCÊ FAZER

Se a sua ansiedade não diminuir após repetidas sessões, tente fazer estas alterações:

- O pensamento ansioso em que você está trabalhando pode ser muito intenso. Comece com um pensamento menos ansioso, gradualmente evoluindo até os mais ansiosos.
- Observe se você está ficando preso ao pensamento tóxico e à catastrofização. Certifique-se de que você está mudando seu pensamento para as histórias de pensamento calmo e menos extremo.
- Seja paciente! É difícil prever quantas sessões você precisará para começar a se sentir menos ansioso.
- Se você começar a se sentir mais deprimido, desanimado ou sem esperança, pare de fazer a atividade e concentre-se em alguns dos outros exercícios do manual. Não é útil continuar uma atividade que faz você se sentir pior, e não melhor.

PARTE 4
Deixe de lado o controle

18
Pensando excessivamente

PARA VOCÊ SABER

Você passa muito tempo dentro da sua cabeça? Você pensa muito profundamente sobre as coisas? Se sim, parabéns! Pensar profundamente é uma grande qualidade, ligada à autoconsciência e ao sucesso na escola e nos relacionamentos.

É importante prestar atenção aos seus pensamentos e entender o que eles significam. Contudo, é fácil exagerar no pensamento profundo. Quando os pensamentos surgem em sua mente, você fica preso procurando as causas deles ou imaginando o que pode acontecer em virtude deles? Se isso descreve você, então pode estar *pensando excessivamente*.

O pensamento excessivo começa com a busca de pensamentos, imagens ou memórias indesejadas. Você encontra um pensamento ansioso e, em seguida, gasta muito tempo tentando entender seu significado. Você luta para obter controle sobre sua mente e acaba "preso em sua cabeça", com sua mente enchendo-se de pensamentos ansiosos grudentos.

Os pensadores excessivos são mais propensos a se sentirem ansiosos devido aos seus pensamentos indesejados do que as pessoas que não pensam excessivamente. Você está se perguntando se é um pensador excessivo? O próximo exercício lista algumas características do pensamento excessivo.

PARA VOCÊ FAZER

Leia cada frase a seguir e marque as que descrevem você.

- ☐ *É fácil sintonizar o que estou pensando a qualquer momento.*
- ☐ *Eu entendo como minha mente trabalha.*
- ☐ *Muitas vezes, questiono ou duvido do que estou pensando.*
- ☐ *Constantemente, tento mudar a maneira como penso sobre as coisas na minha vida.*
- ☐ *Muitas vezes, fico chateado com pensamentos indesejados que surgem em minha mente.*
- ☐ *Eu me distraio facilmente pelo meu pensamento.*
- ☐ *Com frequência, pergunto-me: o que estou pensando neste momento?*
- ☐ *É importante que eu tenha controle sobre pensamentos indesejados que aparecem em minha mente.*
- ☐ *Sou uma pessoa pensativa e autoconsciente.*
- ☐ *Sou um pensador profundo.*
- ☐ *Eu sou detalhista, então é difícil deixar de lado os problemas.*
- ☐ *Constantemente, procuro o significado mais profundo em tudo.*
- ☐ *Tenho uma forte necessidade de saber, de entender.*
- ☐ *Tenho dificuldade em lidar com incertezas ou situações que são vagas ou confusas.*

Se você marcou sete ou mais frases, pensar excessivamente pode ser uma razão importante para seus sentimentos de ansiedade. Pequenas coisas, como uma mensagem inesperada de um amigo, um comentário apressado ou uma observação grosseira, desencadeiam um ciclo interminável de análise mental? A partir do momento em que o pensamento excessivo entra em ação, pode ser difícil fazer qualquer outra coisa. Pode parecer que sua mente está saindo de controle. Quando isso acontece, a ansiedade e a preocupação se somam.

MAIS PARA VOCÊ FAZER

Se percebeu que pensar demais é um problema para você, é importante romper o hábito. Comece por perceber quando está pensando demais e dizer a si mesmo para parar com isso. Veja como praticar "despertar-se" do pensamento excessivo.

1. Revise os pensamentos intrusivos ansiosos que você registrou em atividades anteriores.

2. Pergunte a si mesmo: *Eu analiso excessivamente esses pensamentos quando eles surgem na minha mente?*

3. Crie uma frase que você possa usar quando se perceber pensando excessivamente; por exemplo: *Lá vou eu de novo! Estou sendo sugado para o pensamento excessivo. Estou apenas andando em círculos, correndo atrás do rabo. Isso só está me deixando mais frustrado e chateado.*

4. Escreva uma declaração que o encoraje a parar de pensar excessivamente; por exemplo: *Pensando demais de novo! É melhor parar de analisar meus pensamentos ansiosos. Provavelmente, não há um significado profundo para descobrir. Além disso, como eu saberia se encontrei o significado certo? Apenas aceite o pensamento ansioso pelo que ele é — um pensamento ansioso — e deixe assim.*

   Sua declaração para parar de pensar excessivamente: _____
   _____
   _____
   _____

Depois de escrever sua *declaração para parar de pensar excessivamente*, pratique a percepção do pensamento excessivo. Repita a declaração para si mesmo e se concentre em seu significado. Faça isso de novo e de novo cada vez que você pensar demais. Observe se, com o tempo, você está pensando menos.

19
O mito do controle mental

PARA VOCÊ SABER

Você se lembra do experimento do urso branco (Atividade 6)? Tentar não pensar em algo é muito difícil. Depois, houve o trabalho que você fez em Esforçando-se para não pensar (Atividade 10). Quanto mais você tenta não pensar em algo, mais você pensa. Esse é o *paradoxo do controle mental*: simplesmente não podemos controlar pensamentos indesejados. Então, por que continuamos tentando fazer isso?

A resposta está no *mito do controle mental*. Quando estamos ansiosos, pensamos que a resposta é tentar controlar mentalmente nossos pensamentos e sentimentos. É mais ou menos assim:

Meus pensamentos ansiosos estão fora de controle porque não estou me esforçando o suficiente para controlá-los. Se eu me esforçar mais para expulsar o pensamento da minha mente, minha ansiedade irá embora.

Você caiu no mito do controle mental? Se a resposta for sim, você sabe que isso só piora sua ansiedade. Você se esforça mais para não pensar de forma ansiosa. Mas então o paradoxo do controle mental entra em ação. Agora, você está tendo mais pensamentos ansiosos, e não menos.

PARA VOCÊ FAZER

O mito do controle mental diz que nos sentiremos melhor se tivermos mais controle. Vamos testar isso com uma investigação de controle mental/de humor. Durante a próxima semana, registre suas alterações de humor usando a planilha a seguir. (O *download* está disponível no material complementar do livro em loja.grupoa.com.br.)

Observe seus humores positivos: feliz, animado, interessado, calmo. Em seguida, classifique a intensidade da sensação em uma escala de três pontos (1 = leve, 2 = moderada, 3 = forte).

Observe seus humores negativos: triste, assustado, ansioso, frustrado, irritado, culpado. Classifique a intensidade na escala de três pontos (1 = leve, 2 = moderada, 3 = forte).

Cada vez que você registrar um sentimento positivo ou negativo, avalie quanto esforço de controle mental você está colocando para ter esse sentimento. Classifique seu esforço de controle mental em uma escala de quatro pontos (0 = nenhum esforço, 1 = leve esforço, 2 = moderado esforço, 3 = forte esforço).

Planilha de controle de humor

Humor positivo	Intensidade do estado de humor	Esforço de controle mental	Humor negativo	Intensidade do estado de humor	Esforço de controle mental

Essa atividade é sobre testar se você se sente dessa maneira porque faz esforços de controle de pensamento. Por exemplo, se você se sentia feliz, era porque estava tentando ter pensamentos felizes? Se você se sentia levemente ansioso, foi porque estava se esforçando para expulsar a preocupação ou os pensamentos ansiosos da sua mente?

MAIS PARA VOCÊ FAZER

Reserve um momento para responder às perguntas listadas a seguir.

1. Você notou mudanças em seu humor e em seus esforços para controlar seus pensamentos? Você se sentiu melhor somente quando se esforçou para ter pensamentos positivos? Seu humor ficou pior apenas quando você tinha pouco controle sobre seus pensamentos negativos?

   _____
   _____

2. Quantas vezes você teve bom humor sem qualquer esforço para controlar seus pensamentos?

   _____
   _____

3. Quantas vezes você estava de mau humor, mesmo que se esforçasse para mudar seu pensamento?

   _____
   _____

Essa atividade é um caçador de mitos. Há muitas coisas que afetam o nosso humor. Esforçar-se mais para controlar seus pensamentos tem menos influência sobre como você se sente do que você pensa. Você aprendeu algumas estratégias para lidar com seus pensamentos ansiosos. Maior esforço de controle mental não é uma delas.

20
Perdendo a cabeça

PARA VOCÊ SABER

Você gosta de *thrillers* psicológicos? Um tema frequentemente visto nesses filmes é a ideia de *perder a cabeça*. É mais ou menos assim: o personagem principal é uma pessoa calma e muito normal. Algo acontece e, de repente, a pessoa "perde a cabeça" e faz algo que consideramos irracional. Ela pode começar a agir de forma muito estranha — ou se transformar em um assassino a sangue frio.

Essa ideia de perder o controle de sua mente e fazer algo irracional, algo do qual você se arrependeria depois, é um medo comum. Você provavelmente não tem medo de se transformar em um assassino ou de perder completamente o contato com a realidade. Contudo, você pode ter medo de ter um ataque de pânico, chorar incontrolavelmente ou perder a paciência. Todos esses estados emocionais envolvem a sensação de que você perdeu todo o controle.

O medo de "perder a cabeça" é outra razão pela qual as pessoas acreditam que precisam manter um controle rigoroso sobre sua mente. Elas pensam *Minha mente é frágil, então preciso ter cuidado com o que penso. Se eu não fizer isso, algo ruim pode acontecer, como um colapso emocional.* Esse medo de perder o controle mental é também uma razão pela qual podemos lutar contra os pensamentos intrusivos. Mas e se a sua ansiedade for causada por *muito*, e não por pouco controle mental? Diminuir o medo de perder o controle de seus pensamentos pode ajudar a reduzir a ansiedade e a preocupação. Você ficaria mais receptivo e em paz com seus pensamentos e sentimentos, mesmo aqueles que você não quer ter.

PARA VOCÊ FAZER

Perder completamente o controle mental é um medo razoável? Todos nós temos controle limitado sobre nossos pensamentos e sentimentos — esse não é o problema. Perder a cabeça significa perder *completamente* o controle. Tememos que isso aconteça, levando a um colapso emocional. Mas qual é o risco de isso acontecer com você?

Anote até cinco vezes em que você teve um colapso emocional — perdendo seriamente o controle sobre seus pensamentos, seus sentimentos ou seu comportamento. Talvez isso tenha afetado negativamente você ou outras pessoas. Talvez você tenha se sentido envergonhado ou chateado.

1. _____
2. _____
3. _____
4. _____
5. _____

Pense nessas experiências e reflita se você *perdeu completamente a cabeça* ou se estava apenas com medo de que isso pudesse acontecer. Agora, escreva ao lado de cada experiência "perdi a cabeça" ou "temi perder a cabeça".

O que mais aconteceu — realmente perder ou temer perder o controle? Para a maioria das pessoas, o medo é mais comum. É importante saber que geralmente temos mais controle do que pensamos, mesmo em momentos de intensa emoção.

MAIS PARA VOCÊ FAZER

Os pensamentos intrusivos são perigosos se não os controlarmos? Eles poderiam nos fazer perder a cabeça? Para responder a essas perguntas, revise as experiências emocionais que você acabou de listar e escreva suas respostas.

1. Você *realmente* perdeu completamente o controle ou *sentiu* que estava perdendo?
   _____

2. Você mostrou pouco autocontrole ou absolutamente nenhum autocontrole?
   _____
   _____

3. Há evidências de que você tinha algum controle?
   _____
   _____

4. A experiência emocional foi causada por pensamentos intrusivos? Você poderia ter evitado a experiência tendo maior controle sobre seus pensamentos?
   _____
   _____

O que suas respostas dizem? Você quebrou o mito sobre perder a cabeça? É possível que você tenha tido pouco autocontrole e tenha machucado a si mesmo ou aos outros com sua raiva. Se isso for verdade, então eu encorajo você a procurar ajuda com suas emoções. No entanto, você não precisa temer seus pensamentos intrusivos. E o controle excessivo de seus pensamentos não é a resposta para o medo de perder o controle. A melhor maneira de reduzir a ansiedade é não se esforçar tanto para controlar os pensamentos intrusivos ansiosos. O exagero a respeito da sua perda de controle sobre pensamentos ansiosos só os tornará mais assustadores.

21
O caminho errado

PARA VOCÊ SABER

É difícil chegar onde você quer ir se estiver seguindo o caminho errado. E é difícil obter controle sobre seus pensamentos ansiosos se você usar a estratégia errada. Você aprendeu que se esforçar demais para controlar seus pensamentos não é eficaz. Contudo, quando estamos ansiosos, é difícil não fazer nada. Portanto, considere o que você faz quando tem pensamentos e sentimentos indesejados — isso determinará se você continuará a lutar ou se encontrará alívio.

Imagine que é o seu último ano de escola e você não sabe o que fazer depois. Você deve se inscrever na universidade, tirar um ano para viajar ou trabalhar? O pensamento *O que devo fazer?* surge constantemente em sua mente, deixando você ansioso. Você não ignora esse pensamento; tenta controlá-lo pensando em outra coisa ou empurrando-o para fora de sua mente. Mas alguns métodos de controle de pensamento não são tão eficazes quando você está ansioso. Vamos chamá-los de *estratégias ruins ou fracas de controle mental*. Se você estiver usando essas estratégias para lidar com pensamentos ansiosos, se beneficiará de reconhecê--las — e de substituí-las pelas estratégias que aprenderá neste manual.

PARA VOCÊ FAZER

Esta tabela lista cinco estratégias ruins ou fracas de controle mental. Marque as que você tende a usar ao tentar controlar pensamentos e sentimentos ansiosos. (Dica: você pode achar útil revisar suas classificações sobre as Estratégias de controle mental na Atividade 10.)

Estratégia de controle	Definição	Exemplo
☐ Distração desfocada	Pular para um pensamento ou uma atividade que distrai.	Pensar em seus amigos, depois em trabalhos escolares, depois em esportes, e assim por diante.
☐ Autocrítica	Criticar-se por estar ansioso.	Chamar a si mesmo de nomes como fraco, estúpido ou fracassado.
☐ Compulsão	Fazer ou pensar algo repetidamente para se livrar de um pensamento ansioso.	Repetir uma frase calmante como "oceano azul calmo".
☐ Busca por tranquilização	Perguntar a outras pessoas ou pesquisar na internet por informações que você espera que o façam se sentir melhor.	Insistir para que seus pais garantam que você passará em matemática.
☐ Racionalização	Tentar se convencer de que tudo ficará bem.	Você vai sair com alguém pela primeira vez e tenta se convencer de que tudo ficará bem. Ele não será capaz de perceber que você está nervoso. Você será interessante e engraçado, então ele vai querer vê-lo novamente.

Qual dessas estratégias você mais usa? Algumas, como distração desfocada e busca por tranquilização, são mais comuns do que outras. Já outras, como autocrítica e compulsão, são mais prejudiciais. Apenas uma, porém, não é muito útil para obter controle sobre o seu pensamento ansioso. Você descobrirá estratégias de controle mental mais eficazes nas próximas atividades. Por enquanto, esteja ciente de que pensamentos ansiosos podem estar grudados em sua mente porque você está usando métodos ruins ou fracos de controle mental.

MAIS PARA VOCÊ FAZER

Talvez você tenha tido dificuldade em usar a tabela porque não tem certeza se aplica essas estratégias insuficientes de controle. A maioria de nós não presta atenção em como tenta controlar os pensamentos ansiosos. Estamos mais focados sobre o pensamento em si e em como nos sentimos.

Em caso de dúvida, volte e reveja os pensamentos ansiosos que você inseriu em seu Diário de intrusões ansiosas (Atividade 8). Leia cada um e escreva na margem se sua resposta a um pensamento ansioso incluiu uma das estratégias ruins ou fracas de controle mental. Se você tiver apenas um ou dois anotados, use o seu diário para acompanhar seu pensamento ansioso pelas próximas duas semanas. Observe os momentos em que você usou uma estratégia ruim ou fraca de controle mental.

Você está surpreso ao saber que está usando estratégias ruins ou fracas de controle mental quando tem pensamentos ansiosos? Essa pode ser outra razão para ter pensamentos grudentos. Não desanime. Mostraremos melhores maneiras de lidar com o pensamento tóxico que está fazendo você se sentir ansioso e preocupado.

22

Quando a distração falha

PARA VOCÊ SABER

Digamos que você tenha um pensamento ansioso como *Meus pais vão ficar com muita raiva de mim*. Você sabe que haverá uma grande explosão quando chegar em casa. Mas agora você está com seus amigos. Você quer aproveitar. Você não quer ficar estressado com ansiedade e preocupação. Então, você quer parar de pensar em seus pais. Você tenta pensar em outra coisa, qualquer coisa que não seja seus pais. O que você está fazendo é chamado de *distração* — o método mais comum que usamos para controlar nossos pensamentos. A distração é uma resposta tão automática a pensamentos indesejados que sua própria presença dificulta deixarmos de tentar controlar nosso pensamento ansioso.

Existem diferentes tipos de distração. Algumas são mais eficazes do que outras. O problema é que naturalmente confiamos em distrações menos eficientes, o que nos faz pensar ainda mais sobre um pensamento ansioso indesejado.

A distração se torna ineficaz quando você continua pulando de um tópico para outro. Por exemplo, você não quer pensar sobre seus pais estarem com raiva de você. Então, você tenta pensar em outra coisa, como uma mensagem que acabou de receber de um amigo. Você pensa sobre a mensagem, mas então seus pais voltam à sua mente. Você tenta pensar sobre sua tarefa de história, mas logo seus pais retornam. Você pensa no jogo de basquete de ontem à noite, mas esse pensamento não permanece; o pensamento dos seus pais retorna. Agora, você pensa em um monte de outras coisas com o pensamento dos pais. Isso significa que agora você tem muitos pensamentos diferentes que o lembram do pensamento sobre seus pais irritados. É muito melhor usar um pensamento que distrai do que um monte de pensamentos diferentes.

PARA VOCÊ FAZER

Você já se perguntou por que a distração só funciona às vezes? Experimente essa atividade. Durante a próxima semana, selecione terça-feira, quinta-feira e sábado como dias de alto controle mental e segunda-feira, quarta-feira, sexta-feira e domingo como dias de baixo controle mental.

Durante os dias de baixo controle, deixe seus pensamentos ansiosos irem e virem sem tentar empurrá-los para fora de sua mente. Quando você tiver um pensamento ansioso, deixe-o permanecer em sua mente e continue com o que você está fazendo naquele momento. Aja como se você não estivesse tendo o pensamento, mesmo que ele esteja presente em sua mente.

Em dias de alto controle, preste muita atenção aos seus pensamentos ansiosos. Esforce-se para não pensar sobre o pensamento ansioso, distraia-se com muitos pensamentos ou atividades diferentes.

Na planilha, resuma sua experiência com alto *versus* baixo controle mental. (O *download* está disponível no material complementar do livro em loja.grupoa.com.br.) Você se sentiu ansioso? Quão grave foi? Quanto tempo durou? O que aconteceu com o pensamento ansioso quando você tentou controlá-lo? O que aconteceu com o pensamento quando você *não* tentou controlá-lo?

Planilha de esforço de controle

Dias	Alto esforço de controle mental (Usando muitas distrações para se forçar a não pensar em um pensamento ansioso)	Baixo esforço de controle mental (Deixando o pensamento ansioso flutuar naturalmente em sua mente)
Segunda-feira		
Terça-feira		
Quarta-feira		
Quinta-feira		
Sexta-feira		
Sábado		
Domingo		

Agora, explore o que você descobriu. Sua ansiedade esteve melhor ou pior em dias de alto ou baixo controle?

MAIS PARA VOCÊ FAZER

Responda às seguintes perguntas para entender melhor como a distração pode tornar mais difícil deixar de lado o controle sobre pensamentos ansiosos:

1. Você teve mais pensamentos ansiosos e mais angústia em dias de alto controle ou em dias de baixo controle? Ou não houve diferença?

   _____

2. Nos dias de alto controle você estava mais frustrado ou estressado quando usava muitas distrações?

   _____

3. Existe alguma razão para continuar tentando se distrair de pensamentos ansiosos? Se a distração não funciona, por que fazer isso?

   _____

   _____

   _____

   _____

Provavelmente, você descobriu que sua ansiedade não melhora quando está se esforçando para controlar os pensamentos ansiosos. As atividades da Parte 5 mostrarão melhores maneiras de lidar com seus pensamentos e seus sentimentos ansiosos.

PARTE 5

Autoaceitação

23

Pratique a autoaceitação

PARA VOCÊ SABER

Às vezes, parece que você está perdendo a batalha contra a ansiedade? Isso acontece quando você dá aos pensamentos ansiosos mais importância do que eles merecem e quando você se esforça muito para controlá-los. Já que é impossível impedir que seu cérebro tenha pensamentos negativos e ansiosos, o que você pode fazer? Você pode praticar a maior autoaceitação de seus pensamentos e seus sentimentos negativos.

A autoaceitação é a capacidade de aceitar o que não está indo bem em sua vida sem se sentir derrotado. É a disposição de permitir que sua mente experimente pensamentos e sentimentos negativos. Pessoas com baixa autoaceitação muitas vezes não gostam de si mesmas. Elas lutam contra sua mente, tentando mudá-la, empurrando para fora pensamentos e sentimentos negativos. Elas podem dizer a si mesmas: *Eu tenho que parar de pensar tão negativamente e ser mais positivo*.

Pessoas com alta autoaceitação têm um nível mais alto de autoestima. Elas percebem que às vezes terão pensamentos negativos e ansiosos. Elas são capazes de pensar *Nem todos os meus pensamentos podem ser positivos. Tudo bem se um pensamento negativo ou ansioso surgir em minha mente. Eu só vou deixar o pensamento lá e vou continuar com o meu dia.*

Há coisas que você não gosta em si mesmo? Se respondeu sim, você se beneficiará de aumentar sua autoaceitação para se sentir menos ansioso. É difícil mudar sua abordagem sobre os pensamentos ansiosos se você tem dificuldades para aceitar quem é.

PARA VOCÊ FAZER

Leia o exemplo na planilha a seguir. (O *download* está disponível no material complementar do livro em loja.grupoa.com.br.) Em seguida, pense em cinco de suas experiências mais difíceis. Para cada uma, descreva como você lidou com o problema. Você foi capaz de considerar os pensamentos uma experiência desagradável, em vez de uma catástrofe?

Planilha de autoaceitação

Experiência difícil	Você foi autocrítico ou compreensivo consigo mesmo?	Você tentou mudar seu pensamento ou apenas deixou que os pensamentos ansiosos ficassem em sua mente?
Descobri que meu namorado estava me traindo com minha melhor amiga. Eu precisava confrontá-lo, mas estava com medo de fazer isso.	No começo, eu me culpei, pensando que eu não era tão boa quanto minha amiga. Mas então eu fui mais compreensiva comigo mesma, percebendo que a traição refletia o mau caráter deles, não o meu.	Eu continuei dizendo a mim mesma para esquecer isso, mas não consegui. Compreendi que não pararia de pensar nisso até confrontá-lo.
1.		
2.		

Experiência difícil	Você foi autocrítico ou compreensivo consigo mesmo?	Você tentou mudar seu pensamento ou apenas deixou que os pensamentos ansiosos ficassem em sua mente?
3.		
4.		
5.		

Revise as experiências que você descreveu. As dificuldades na vida testam nosso nível de autoaceitação. Você foi capaz de ser mais compreensivo consigo mesmo? Você se permitiu experimentar pensamentos e sentimentos negativos? Se tentou controlar os pensamentos negativos, empurrando-os para fora de sua mente, você estava expressando baixa autoaceitação.

MAIS PARA VOCÊ FAZER

Revise cada uma das experiências difíceis que você registrou na Planilha de autoaceitação. No espaço livre, descreva como você poderia ter mostrado mais bondade e consideração para consigo mesmo. Sem dúvida, você sabe como ser gentil com as outras pessoas. Ser gentil consigo mesmo pode ser menos familiar. Essencialmente, a autobondade é mostrar compaixão para consigo mesmo quando você comete um erro ou não consegue atender às suas próprias expectativas. É o oposto de ser duro, crítico e julgador. Em vez de criticar a si mesmo por ter pensamentos negativos ou ansiosos, você aceita que pensamentos indesejados surgirão em sua mente de tempos em tempos.

1. _____

2. _____

3. _____

4. _____

5. _____

A autoaceitação é uma ideia nova para você? Se a resposta for sim, você provavelmente achou essa atividade desafiadora. Peça ajuda aos seus pais, a outro adulto que seja próximo ou ao seu terapeuta com a atividade. Desenvolver uma atitude amável, gentil e paciente em relação a si mesmo é importante. Você será mais bem-sucedido no desenvolvimento de uma mente calma quando praticar a maior autoaceitação.

24
Mente errante

PARA VOCÊ SABER

Temos falado sobre pensamentos intrusivos que surgem de repente em sua mente. Muitas vezes, esses pensamentos são ansiosos e levam a sentimentos ansiosos. Você também aprendeu que muito da nossa atividade mental não está sob nosso controle. Sonhamos acordados, nossa mente vagueia em direções diferentes e temos pensamentos intrusivos. Pessoas com alta autoaceitação lidam bem com esse pensamento espontâneo. No entanto, se você tem uma mente ansiosa e sua autoaceitação é baixa, todo esse pensamento espontâneo pode ser perturbador. O pensamento espontâneo é muitas vezes difícil para aqueles que pensam excessivamente. Essas pessoas podem facilmente ser apanhadas tentando descobrir o que os pensamentos significam.

Você naturalmente sonha acordado? Você pode abandonar o controle e se permitir desfrutar livremente de qualquer pensamento que surja em sua mente? Isso pode ser difícil quando você tem uma mente ansiosa. Preocupações e pensamentos ansiosos podem se infiltrar a qualquer momento, então você pode acreditar que precisa estar atento aos pensamentos ansiosos para manter um controle rígido sobre sua mente. Pode parecer estranho e errado "tirar o pé do freio" e deixar sua mente vagar livremente.

No entanto, essa prática de deixar sua mente vagar livremente poderá permitir o desenvolvimento de uma maior autoaceitação. Com uma mente errante, você assume o risco de que qualquer pensamento, mesmo um ansioso, possa aparecer nela. Uma mente errante requer uma atitude mais receptiva e aberta em relação aos seus pensamentos. A próxima atividade permite que você pratique mais a aceitação e o conforto com sua mente errante.

PARA VOCÊ FAZER

Pratique fazer uma pausa de 5 minutos várias vezes ao dia para deixar sua mente vagar. Isso deve ser feito em seu tempo livre, e não quando você deve prestar atenção, como na escola ou em outros momentos em que você está recebendo instruções. Pense nisso como uma minipausa de relaxamento ou meditação.

Comece cada pausa com algumas respirações relaxantes. Então, simplesmente deixe sua mente vagar. Permita-se pensar sobre qualquer coisa que surja em sua cabeça. Não controle o que você pensa, nem se force a ter certos pensamentos ou a tentar impedir que alguns entrem em sua mente. Apenas permita-se sonhar acordado durante todo o intervalo de 5 minutos.

No final do dia, utilize o Registro da mente errante para resumir sua experiência com pausas de divagação mental. (O *download* está disponível no material complementar do livro em loja.grupoa.com.br.) Em seguida, use uma escala de 10 pontos para avaliar sua tolerância e seu conforto com a mente vagando, com 0 = nenhuma tolerância a pensamentos espontâneos e 10 = completamente tolerante a qualquer coisa que surja em sua mente.

Registro da mente errante

Dia	Minhas experiências de mente errante	Avaliação de tolerância/conforto
Domingo		
Segunda-feira		
Terça-feira		
Quarta-feira		
Quinta-feira		
Sexta-feira		
Sábado		

No final da primeira semana, revise seu Registro da mente errante. Com a prática, você se tornou mais confortável em deixar sua mente vagar?

MAIS PARA VOCÊ FAZER

Para ganhar mais com esse exercício, reserve um momento para explorar sua experiência.

1. Liste todos os pensamentos ansiosos que surgiram em sua mente durante suas pausas mentais.

   _____   _____
   _____   _____
   _____   _____
   _____   _____

2. Quando tinha pensamentos ansiosos, quão bem você os aceitava ou tolerava?

   _____

3. Havia algo sobre os pensamentos ansiosos que os tornavam intoleráveis ou difíceis de aceitar?

   _____

4. Liste todos os pensamentos positivos ou agradáveis que surgiram em sua mente durante a experiência de mente errante:

   _____   _____
   _____   _____
   _____   _____
   _____   _____

A mente errante é uma boa maneira de desenvolver mais aceitação com seus pensamentos e seus sentimentos. Se você se sentiu desconfortável com sua mente vagando, essa é uma boa atividade para continuar praticando. Se você achou a atividade super fácil, sinta-se à vontade para passar para a próxima — uma maneira diferente de desenvolver uma maior aceitação de sua mente errante.

25
Aceitação consciente

PARA VOCÊ SABER

Você está familiarizado com a atenção plena? É a experiência de prestar atenção a seus pensamentos e seus sentimentos no momento presente sem ser crítico. Ao praticar a *aceitação consciente*, observamos todos os nossos pensamentos e sentimentos, mesmo os negativos, de uma maneira aberta, suave e gentil. Não há nenhuma tentativa de se controlar ou se criticar por ter pensamentos ou sentimentos ansiosos. Você pode dizer a si mesmo: *Ah, esse pensamento ansioso novamente. Olá, pensamento ansioso. Você não ficou muito tempo longe. Vai ficar na minha mente por um tempo?* Repare que não se trata de se deixar levar pelo pensamento. Você o trata como um intruso em sua mente.

Imagine que você luta contra a ansiedade e se preocupa em ir bem na escola. Digamos que você frequentemente tenha o pensamento ansioso *Eu nunca vou me sair bem nesse teste, nessa prova ou nessa tarefa*. Uma mente ansiosa reagiria imediatamente a esse pensamento de forma crítica, dizendo *Não seja tão negativo ou duro consigo mesmo*, ou tentando controlar o pensamento, acreditando que pensar dessa maneira o levará a obter uma nota ruim.

Uma abordagem de aceitação consciente reconheceria o pensamento ansioso. Não julgaria ou tentaria controlar o pensamento. Observe-o e trate-o como um pensamento, não como um fato. Na aceitação consciente, você envolve o pensamento ansioso em bondade, amor e paciência. A princípio, isso pode soar como uma abordagem incomum para o pensamento ansioso, mas, com a prática, você se sentirá cada vez mais confortável diante dessa atitude mais gentil e suave com sua ansiedade.

PARA VOCÊ FAZER

Você pode praticar a aceitação consciente ao longo do dia. Sempre que você tiver um pensamento ansioso, siga estes passos:

1. Pare o que está fazendo. Concentre sua atenção no que você está pensando naquele momento. Pergunte a si mesmo: *O que estou pensando e sentindo agora?*

2. Imagine que seu pensamento ansioso é uma pessoa. Você abre os braços e abraça o pensamento ansioso. Isso pode parecer estranho, mas dê uma chance. Você está usando sua imaginação para experimentar pensamentos ansiosos de uma maneira suave, aberta e amorosa. Você está criando uma imagem visual de plena aceitação do pensamento ansioso.

3. Mantenha essa imagem de aceitação por cerca de 5 minutos. Se você agora se sente menos ansioso com o pensamento intrusivo, retorne ao que estava fazendo. Se ainda estiver ansioso, repita os dois primeiros passos.

Você pode avaliar suas experiências de aceitação consciente usando o Registro de aceitação consciente. (O *download* está disponível no material complementar do livro em loja.grupoa.com.br.) Faça uma avaliação diária de quantas vezes você praticou a aceitação consciente. Use uma escala de 10 pontos, em que 0 = não praticou a aceitação plena hoje e 10 = praticou a aceitação consciente sempre que teve um pensamento ansioso. Em seguida, classifique sua autoaceitação ou sua capacidade de tolerar os pensamentos ansiosos: 0 = você não experimentou nenhuma autoaceitação (não pôde tolerar o pensamento ansioso) e 10 = você experimentou completa autoaceitação (foi capaz de abraçar o pensamento ansioso).

Registro de aceitação consciente

Dia	Prática consciente (escala de 0 a 10)	Autoaceitação/tolerância (escala de 0 a 10)
Domingo		
Segunda-feira		
Terça-feira		
Quarta-feira		
Quinta-feira		
Sexta-feira		
Sábado		

Depois de passar duas semanas praticando a aceitação consciente, revise seu registro. Sua aceitação ou tolerância a pensamentos ansiosos está melhorando com a prática?

MAIS PARA VOCÊ FAZER

Se você não achou a aceitação consciente útil para a sua ansiedade, marque as frases no *checklist* a seguir que se aplicam a você:

- ☐ *Na maioria das vezes, quando eu tinha pensamentos ansiosos, nem tentava usar a aceitação consciente.*
- ☐ *Tive dificuldade em simplesmente observar meus pensamentos e minhas preocupações ansiosas; em vez disso, fiquei completamente concentrado neles.*
- ☐ *Não sou bom em visualizar coisas, especialmente algo como "abraçar" meus pensamentos ansiosos.*
- ☐ *É difícil acreditar que a aceitação consciente possa ajudar a reduzir meus sentimentos ansiosos.*
- ☐ *É difícil para mim expressar amor e bondade a alguém, especialmente a mim mesmo.*

Qualquer uma dessas declarações pode atrapalhar seus ganhos com a aceitação consciente. Considere quais mudanças você poderia fazer para que a aceitação consciente tenha uma influência mais positiva em seu pensamento ansioso.

PARTE 6

Desenvolva seus pontos fortes

26

Faça a distração funcionar

PARA VOCÊ SABER

Imagine que você vê uma postagem nas redes sociais da sua melhor amiga. Ela está cumprimentando uma das garotas populares que disse coisas maldosas sobre você no passado. Você se sente traída. Como ela pôde fazer isso com você? Toda vez que pensa nisso, você se sente muito chateada. No entanto, se disser alguma coisa, parecerá ciumenta e patética. Como parar de pensar nisso e continuar com sua vida?

Uma ótima maneira de parar pensamentos indesejados é com *distração focada*. Não me entenda mal — isso não é uma distração comum. A distração focada é especial. Envolve direcionar sua atenção para *uma única ideia, memória ou atividade altamente interessante*. Quando quer parar de pensar em algo, como sobre sua melhor amiga e a colega de classe malvada, você pode tentar se distrair, mas sua mente simplesmente vagueia e tudo lembra a traição. Chamamos isso de *distração desfocada*, e ela não é eficaz (veja a Atividade 22 para mais estratégias).

Com a distração focada, você pensa apenas em uma coisa. Digamos que você tenha tentado entrar para a equipe de vôlei da escola. A competição é bastante cansativa, portanto poucas pessoas estão aptas. Então, sempre que o pensamento da traição da sua amiga aparece em sua mente, você decide que começará imediatamente a pensar nos testes de vôlei. Você concentra sua mente nisso por vários minutos, pensando em cada detalhe da competição. Uma boa distração focada será muito interessante para você e pode levar a um resultado positivo. Uma distração muito interessante desviará sua atenção do pensamento ansioso — e uma distração positiva é mais provável de fazer bem para o seu humor.

PARA VOCÊ FAZER

Esta próxima atividade é essencial para fazer a distração focada funcionar para você. Você utilizará a Lista de distrações para registrar suas memórias, suas atividades e seus devaneios mais interessantes. (O *download* está disponível no material complementar do livro em loja.grupoa.com.br.) Faça essa atividade quando estiver de bom humor e tiver tempo para pensar em suas experiências e atividades passadas positivas e interessantes. Primeiro, liste ao menos cinco memórias positivas que envolvem sucesso, felicidade ou prazer. Em seguida, liste várias atividades que fazem você feliz, como praticar esportes, ouvir música ou apenas sair com os amigos. Na terceira coluna, anote alguns de seus sonhos ou como você imagina seu futuro de maneira positiva.

Você pode armazenar sua lista de distrações em seu celular. Da próxima vez que tiver um pensamento ansioso, selecione uma distração e passe um tempo pensando nisso. Sua atenção mudou do pensamento ansioso para a distração? Você se sentiu menos ansiosa?

Lista de distrações

Memórias	Atividades	Sonhos
1.		
2.		
3.		
4.		
5.		

MAIS PARA VOCÊ FAZER

Se você não tem certeza de que listou distrações eficazes, experimente-as. Quando estiver de bom humor, passe de 10 a 15 minutos pensando profundamente em cada distração. Na lista a seguir, marque cada frase que descreve com exatidão sua experiência com a distração.

☐ *Eu estava pensando em algo muito importante para mim — não em algo pequeno ou trivial em minha vida.*

☐ *O que eu estava pensando é muito complicado, com muitos detalhes que exigiam minha concentração.*

☐ *Quando eu estava pensando sobre a memória, a atividade ou o sonho, eu me sentia muito bem. O que eu estava pensando é muito positivo, então eu realmente gostei de prestar atenção a isso.*

☐ *Quando eu estava pensando sobre a distração, perdi a noção do tempo. Eu realmente me concentrei nisso.*

☐ *Quando estou entediado ou tentando dormir, a distração é uma das coisas em que penso.*

Se a maioria de suas distrações atender a essas cinco características, então você tem uma boa lista de distrações eficazes. Se ainda não tiver certeza, pergunte a um amigo próximo, aos seus pais ou a outro membro da família o que eles veem como seus maiores interesses ou paixões e, em seguida, adicione-os à sua lista de distrações.

27
Entre em ação com a distração

PARA VOCÊ SABER

Com sua lista de distrações em mãos, é hora de colocá-la em ação. Quando começar a pensar ansiosamente, substitua esses pensamentos por um tópico da sua lista de distrações. Talvez você já tenha tentado se distrair antes e isso não tenha ajudado. Mas lembre-se: a distração focada é diferente da distração comum. Na distração focada, seguimos passos específicos para encontrar a distração mais eficaz, em vez de tentar a primeira coisa que aparece em nossa mente.

PARA VOCÊ FAZER

O diagrama a seguir ilustra as etapas da distração focada. Ela começa com um pensamento ansioso indesejado que surge em sua mente. Em seguida, você reconhece que está tendo o pensamento ansioso e lembra que ele é menos importante do que você pensa. (Se você não consegue se lembrar por que seus pensamentos ansiosos não são tão importantes, revise o trabalho feito nas Atividades 9 e 12.)

O passo crítico na distração focada é pensar profundamente sobre uma distração que você escolheu da sua lista. Enquanto está pensando em cada detalhe da distração, concentre-se em respirar calmamente. Respire lenta e profundamente para se sentir um pouco mais relaxado enquanto pensa na distração. Depois de 10 minutos ou mais em pensamentos de distração, termine envolvendo-se em uma atividade de distração, como atualizar seu perfil de mídia social, arrumar seu quarto ou fazer uma lição de casa. Você pode usar a distração focada sempre que um pensamento ansioso aparecer em sua mente, desde que não interfira em uma atividade atual.

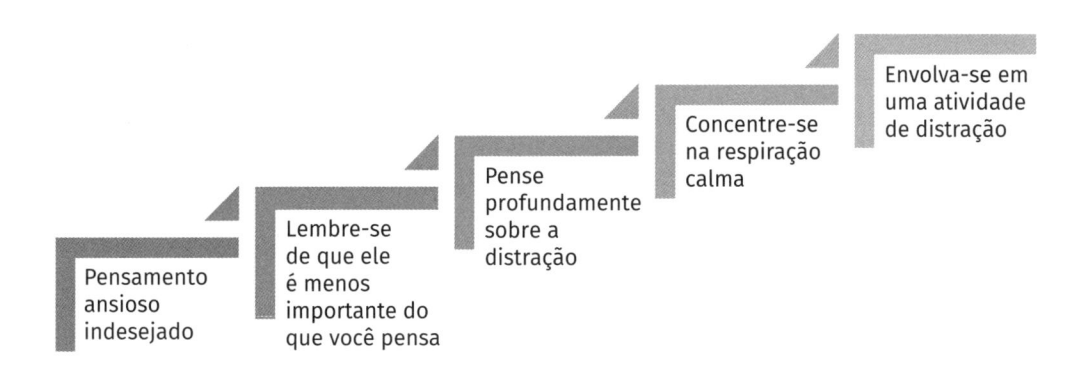

Pensamento ansioso indesejado → Lembre-se de que ele é menos importante do que você pensa → Pense profundamente sobre a distração → Concentre-se na respiração calma → Envolva-se em uma atividade de distração

Lembre-se destes pontos sobre o uso de distração focada para lidar com o pensamento ansioso:

- *Pratique, pratique e pratique.* A distração focada pode parecer simples, mas é mais difícil do que você pensa. Continue praticando com uma variedade de distrações. Você está aprendendo uma habilidade de controle de pensamento, então levará tempo.

- *Desafie sua importância.* A distração focada só funciona se você perceber que o pensamento ansioso não é tão importante. Revise as atividades que você fez na Parte 3 para se lembrar de que estar ansioso não é uma catástrofe.

- *Pense profundamente*. Ao voltar sua atenção para a distração, você precisará se lembrar de muitos detalhes, o que requer total concentração. É melhor ter sua mente absorta na distração.
- *Respire*. Enquanto está pensando, você pode mudar o foco da distração para a sua respiração, fazendo respirações lentas e profundas. É mais fácil se concentrar na distração quando você se sente mais relaxado.
- *Espere intrusões mentais*. O pensamento ansioso e outros pensamentos intrusivos surgirão em sua mente. Simplesmente dê as boas-vindas à intrusão, fique com ela por alguns segundos e, em seguida, gentilmente volte sua atenção para a distração.
- *Termine uma atividade*. Não é bom sentar-se por longos períodos fazendo exercícios de controle mental. Em vez disso, passe para uma tarefa ou atividade que mova seu corpo.

MAIS PARA VOCÊ FAZER

É fácil voltar à distração desfocada. Para melhorar seus esforços de reciclagem mental, mantenha um registro de suas experiências de distração focadas. (O *download* está disponível no material complementar do livro em loja.grupoa.com.br.) Isso ajudará você a se manter no caminho certo e focado em estar focado. Antes de dormir, reserve alguns minutos para preencher as atividades do dia. É uma contagem simples de quantas vezes você usou a distração focada e se ela foi eficaz na redução do pensamento ansioso.

Classifique sua eficácia usando uma escala: 0 = não eficaz, 1 = ligeiramente eficaz, 2 = moderadamente eficaz, 3 = bastante eficaz, 4 = muito eficaz.

Registro de distração focada

Data	Número de vezes que você usou a distração focada	Eficácia na redução do pensamento ansioso

Após sua primeira semana de distração focada, revise seu registro. Se experimentou a distração focada apenas algumas vezes, você não está praticando o suficiente para se tornar hábil, especialmente se teve pensamentos ansiosos frequentes durante a semana. Isso significa que você está perdendo oportunidades de praticar essa estratégia. Se suas classificações de eficácia também foram baixas, suas distrações podem ser muito simples, por isso é difícil para você pensar profundamente sobre elas. Além disso, as distrações devem ser sobre coisas positivas em sua vida. A distração focada é uma habilidade de controle mental; como qualquer habilidade, requer treinamento e prática.

28

Faça isso mais tarde

PARA VOCÊ SABER

"Vou fazer isso mais tarde!" Quantas vezes você já se ouviu dizer isso quando seus pais querem que você faça uma tarefa? Você está fazendo algo interessante e não quer parar para limpar seu quarto, lavar a louça ou cortar a grama. Então, você diz a primeira coisa que aparece em sua mente: "Eu vou fazer isso mais tarde". É tão fácil dizer. Mas então você se esquece de fazer a tarefa. E agora seus pais estão chateados.

Você pensa em como é fácil adiar fazer algo desagradável ou chato ou que você simplesmente não quer fazer? E se você usasse a mesma abordagem para seus pensamentos indesejados ansiosos e angustiantes? E se você tratasse o pensamento ansioso como se fosse seus pais pedindo que você fizesse algo desagradável? Chamamos isso de *adiamento*, uma estratégia muito simples para lidar com pensamentos ansiosos e preocupações. Você já está acostumado a dizer "Eu vou fazer isso mais tarde" — por que não colocar sua habilidade de procrastinação em bom uso quando você tem um pensamento ansioso ou uma preocupação?

PARA VOCÊ FAZER

Veja como fazer o adiamento de pensamento funcionar para você:

1. **Rotule o pensamento**. Quando o pensamento ansioso aparece em sua mente, diga a si mesmo: *Um pensamento ansioso sobre_____ acabou de surgir na minha mente.*

2. **Aceite o pensamento**. Lembre-se de que o pensamento ansioso é indesejado, que você não está tentando pensar dessa maneira e que é apenas um entre as centenas de pensamentos que surgem em sua mente.

3. **Registre o pensamento**. Anote qualquer nova informação ou descoberta que tenha chegado a você sobre o que o faz se sentir ansioso.

4. **Adie o pensamento**. Em vez de gastar tempo com o pensamento agora, prometa a si mesmo que mais tarde naquele dia você reservará 30 minutos ou mais para pensar mais profundamente sobre o que está deixando você ansioso. Use a técnica de "matar o dragão" descrita na Atividade 17.

Pensamentos ansiosos podem surgir em sua mente muitas vezes durante o dia. Sempre que surgirem, repita esses passos. Quanto mais você fizer isso, mais eficaz pode ser.

MAIS PARA VOCÊ FAZER

Então, você disse a si mesmo para *pensar nisso mais tarde*, mas não conseguiu tirar o pensamento ansioso de sua mente. Existem várias razões possíveis para isso. Revise as seguintes frases e marque as que se aplicam ao pensamento ansioso que você está tentando adiar. As atividades sugeridas irão ajudá-lo a tornar o adiamento mais eficaz.

- ☐ *O pensamento ansioso ainda parece uma real ameaça pessoal* (Atividades 9 e 12).
- ☐ *Eu rapidamente escorrego para o pensamento catastrófico quando o pensamento surge em minha mente* (Atividade 14).
- ☐ *É quase impossível imaginar qualquer coisa além do pior resultado possível* (Atividade 16).
- ☐ *Não consigo fazer o teste de realidade com o pensamento ansioso. Eu fico preso imaginando o que poderia acontecer e não o que é mais provável de acontecer* (Atividade 15).
- ☐ *Eu tento bastante empurrar o pensamento ansioso para fora da minha mente* (Atividade 10).
- ☐ *Eu sou muito duro e autocrítico por deixar o pensamento voltar à minha mente* (Atividade 23).
- ☐ *Estou pensando excessivamente no pensamento ansioso* (Atividade 18).

Se marcou qualquer uma das frases, você pode precisar investir mais tempo nas atividades recomendadas para reduzir a intensidade emocional do pensamento ansioso. Depois de fazer isso, você será capaz de dizer *Vou pensar nisso mais tarde*.

29

Reconheça sua bondade

PARA VOCÊ SABER

É natural ficar decepcionado consigo mesmo ao se sentir ansioso e preocupado. A ansiedade nos faz sentir fracos, inseguros e inúteis. É fácil ficar preso no que está acontecendo de errado em sua vida e, assim, começar a se culpar. Quando isso acontece, nos tornamos negativos e autocríticos. Nós tendemos a ignorar nossos pontos fortes e nossas qualidades. Essa negatividade pode exaurir nossa força emocional e tornar muito mais difícil lidar com pensamentos e sentimentos ansiosos.

Os psicólogos descobriram que ter tempo para pensar sobre suas qualidades pode melhorar a forma como você se sente sobre si mesmo e até mesmo ajudá-lo a obter um bom controle sobre pensamentos angustiantes indesejados. Essa prática de *autoafirmação* é outra boa maneira de lidar com preocupações e pensamentos ansiosos.

PARA VOCÊ FAZER

A maioria de nós não gasta tempo pensando sobre o que é positivo sobre nós mesmos. Podemos ter um pensamento positivo aleatório de vez em quando, mas é só isso. Para que a autoafirmação pare com o pensamento ansioso, você precisa descobrir suas qualidades. Então, você pode usar pensamentos positivos para combater seu pensamento ansioso. Você também se sentirá melhor consigo mesmo porque agora está reconhecendo seus pontos fortes e suas características positivas.

Primeiro, passe algum tempo pensando sobre quem você é em diferentes áreas de sua vida. A planilha a seguir lista várias áreas importantes da vida — escola, família, amigos, e assim por diante. (O *download* está disponível no material complementar do livro em loja. grupoa.com.br.) Em cada área com relevância para você, escreva duas qualidades que o ajudam a ter sucesso ou ser uma boa pessoa. Por exemplo, na escola, você pode listar *esforçado, responsável ou inteligente*. Para amigos, você pode listar *confiável, compreensivo* ou *leal*. Na segunda coluna, anote alguns exemplos específicos de como você demonstra essa qualidade em cada área da sua vida. Para a escola, você pode listar um exemplo de trabalho duro e inteligência, como *Estudei muito para a prova de história e obtive uma nota melhor do que eu esperava*.

Planilha de qualidades

Pontos positivos	Exemplos de como você apresentou sua qualidade
Escola: 1. 2.	
Família: 1. 2.	
Amigos: 1. 2.	

Pontos positivos	Exemplos de como você apresentou sua qualidade
Aptidão física: 1. 2.	
Recreação/Esportes/Música: 1. 2.	
Comunidade/Voluntariado: 1. 2.	
Fé/Espiritualidade/Moral: 1. 2.	

Revise a tabela que você preencheu e circule as qualidades mais fortes. Quando um pensamento ansioso surgir em sua mente, lembre-se de uma dessas qualidades e de seus exemplos relacionados. Você está substituindo o pensamento ansioso por um pensamento positivo sobre uma de suas qualidades.

MAIS PARA VOCÊ FAZER

Essa atividade foi muito difícil? Talvez você não esteja acostumado a pensar em si mesmo como tendo qualidades. Você pode pedir aos seus pais, a um membro da família ou a um amigo sugestões do que eles acham que são seus pontos positivos. (Você também encontrará alguns exemplos de qualidades listadas nas ferramentas gratuitas disponíveis no material complementar do livro em loja.grupoa.com.br.) Escolha qualquer uma das qualidades com a qual você se identifica.

Você também pode fortalecer a autoafirmação escrevendo os momentos em que teve sucesso em algo, fez algo de bom para os outros, agiu com responsabilidade, seguiu sua consciência ou seus valores morais ou expressou sua bondade de outras maneiras. Várias vezes por semana, reveja o que você escreveu e pense sobre essas experiências como exemplos de suas qualidades.

PARTE 7
Impulsione a felicidade

30

Quão positivo você é?

PARA VOCÊ SABER

Há momentos em que você se sente bem e não sabe por quê? Fortes sentimentos de alegria, paz ou excitação atingem você do nada. Não é devido a uma ótima notícia, mas você se sente tão bem. Quando isso acontece, é provável que você esteja tendo *pensamentos intrusivos positivos*. Pensamentos e sentimentos positivos espontâneos são um bom remédio para o pensamento ansioso. Mas os sentimentos positivos não duram muito. Eles evaporam como o orvalho da manhã em um dia quente de verão. Treinar-se para prestar mais atenção aos seus pensamentos intrusivos positivos é outra ótima maneira de reduzir a ansiedade em sua vida.

Naturalmente, todos nós temos diferentes tendências quando se trata de pensamentos positivos e felicidade. Você tem amigos que parecem felizes a maior parte do tempo? Eles estão sempre rindo, contando histórias engraçadas e sendo bastante positivos sobre a maioria das coisas. Talvez você tenha algum amigo que fica para baixo a maior parte do tempo, é muito sério e tende a ser bem negativo. E o restante de seus amigos estão em algum lugar no espectro intermediário.

Todo mundo tem um ponto de partida diferente para a felicidade. É importante descobrir seu próprio nível natural de pensamentos e sentimentos positivos. Provavelmente, não seria realista pensar que você poderia se tornar uma pessoa superpositiva e feliz o tempo todo. Tentar alcançar um objetivo impossível é desanimador e só fará você desistir. Mas você pode ter um foco para melhorar sua experiência de pensamentos e sentimentos positivos. E você pode trabalhar para estar mais consciente de seus pensamentos positivos espontâneos para que eles tenham um impacto maior em sua vida.

PARA VOCÊ FAZER

Vamos começar com uma atividade de autodescoberta. Leia estas frases sobre experiências de vida e marque as que descrevem você.

- ☐ *Geralmente me sinto satisfeito com a minha vida.*
- ☐ *Muitas vezes, sinto alegria, paz, orgulho ou prazer.*
- ☐ *Estou bem otimista em relação ao meu futuro.*
- ☐ *Raramente me preocupo com o futuro.*
- ☐ *Raramente me sinto culpado, triste, ansioso ou frustrado.*
- ☐ *Tenho planos e objetivos de vida.*
- ☐ *Na maioria das vezes, sinto que estou no controle da minha vida.*
- ☐ *Tenho relacionamentos próximos e amorosos.*
- ☐ *Minha vida é cheia de significado e propósito.*
- ☐ *Acho que sou uma boa pessoa, com tanto valor quanto os outros.*

Se você marcou a maioria das frases, provavelmente é uma pessoa bem positiva. Sem dúvida, você experimenta frequentes pensamentos intrusivos positivos sobre si mesmo e suas circunstâncias de vida. Se você marcou apenas uma ou duas frases, provavelmente tem uma tendência natural a ser mais negativo. Você tem o potencial de melhorar sua positividade prestando mais atenção aos pensamentos intrusivos positivos ocasionais que surgem em sua mente.

Agora que você sabe o seu ponto de partida para ser positivo, a Atividade 31 vai ajudá-lo a aumentar a sua positividade, prestando mais atenção aos pensamentos positivos espontâneos.

MAIS PARA VOCÊ FAZER

É realmente difícil ser honesto consigo mesmo. As opções marcadas da lista de frases referem-se a características muito positivas. Você achou difícil admitir que atualmente não é uma pessoa feliz, otimista e entusiasmada? Ou você tende a ser muito duro consigo mesmo? Talvez algumas dessas frases descrevam você, mas você não percebe. Por que não pedir aos seus pais, a um membro da família ou a um bom amigo em quem você confia para completar a lista de verificação para você? Poderá ser útil obter a opinião deles sobre as características que se aplicam a você. Depois, compare suas respostas com as deles. Você tem sido muito brando ou muito duro consigo mesmo? Apenas certifique-se de escolher uma pessoa que seja amorosa, confiante e honesta. Você não quer a opinião de uma pessoa indiferente ou difícil.

31

Foco na felicidade

PARA VOCÊ SABER

Sua adolescência está cheia de desafios e incertezas. É fácil ficar tão focado em problemas e decepções a ponto de perder os "*flashes*" de pensamentos positivos e sentimentos que são um "raio de sol". Essas explosões de pensamentos positivos e felicidade podem aumentar sua autoconfiança e energizá-lo para encarar seu dia. Contudo, para que isso aconteça, você tem que prestar atenção aos seus pensamentos positivos espontâneos.

Se você experimenta muita ansiedade ou depressão, provavelmente presta muita atenção aos pensamentos negativos que surgem em sua mente. Esse pensamento tóxico é uma causa importante de ansiedade, culpa e outras emoções negativas. E se você se treinasse para prestar mais atenção aos pensamentos positivos espontâneos que surgem em sua mente? Imagine como isso poderia combater o pensamento ansioso e promover sentimentos de felicidade. Infelizmente, é mais difícil se concentrar em pensamentos e sentimentos positivos do que em pensamentos negativos, pois eles não duram tanto tempo. Seus pensamentos intrusivos positivos desaparecem tão rapidamente que é fácil perdê-los. No entanto, você pode treinar sua mente para prestar mais atenção a pensamentos e sentimentos positivos e não ficar preso à negatividade.

PARA VOCÊ FAZER

Vamos começar com sentimentos positivos, porque eles são mais fáceis de identificar. Você sabe como é sentir alegria, interesse, gratidão, orgulho, amor, inspiração, confiança, bondade e outros sentimentos positivos. Quando você tem uma dessas emoções positivas, é provável que você esteja pensando em:

- Um sucesso, um amor, uma diversão ou um elogio do passado.
- Uma ideia criativa ou uma solução para um problema.
- Ser aceito, reconhecido ou amado.
- Suas características pessoais positivas.
- Alguma coisa que você espera ou deseja no futuro.
- Quão sortudo você é, com tudo o que tem na vida.

Mantendo essa lista em mente, pense em várias vezes no passado quando você se sentiu feliz. Escreva dois ou três pensamentos positivos recentes que surgiram em sua mente durante esses momentos de felicidade. Por exemplo, você foi entrevistado para um estágio e conseguiu a vaga. Um pensamento positivo pode ser *Eu devo ter mandado bem na entrevista. Eu queria muito esse estágio. Vou aprender algumas habilidades básicas e obter uma valiosa experiência de trabalho.*

Primeiro pensamento intrusivo positivo: _____

Segundo: _____

Terceiro: _____

Se você conseguiu chegar a intrusões mentais positivas, ótimo! Se você não conseguiu, pense em alguma, não se preocupe muito. Você pode achar esta próxima atividade mais proveitosa.

MAIS PARA VOCÊ FAZER

Um diário de felicidade pode aumentar sua consciência de pensamentos e sentimentos positivos. Veja como funciona: procure momentos em que você sinta alegria, amor, orgulho, excitação, calma ou algo parecido. Capture-os escrevendo-os em seu Diário da felicidade. (O *download* está disponível no material complementar do livro em loja.grupoa.com.br.) Se você tiver muitas dessas experiências durante o dia, basta escrever alguns exemplos. Na primeira coluna, escreva a data e a hora. Na segunda, descreva brevemente as circunstâncias relacionadas com o sentimento positivo. Na coluna final, escreva alguns pensamentos, algumas imagens ou memórias positivas que surgiram em sua mente enquanto se sentia feliz.

Diário da felicidade

Data e hora	Onde eu estava, com quem eu estava, o que eu estava fazendo	Pensamentos, imagens ou memórias intrusivas positivas
15 de agosto de 2021 14h30	Sozinho no meu quarto, trabalhando em um novo recital de música; de repente, uma melodia cativante veio à minha mente.	Isso é ótimo; eu amo quando tenho uma dose de inspiração. Há momentos em que posso ser criativo. Eu sei que isso é um presente, e isso me faz sentir tão bem comigo mesmo.

Data e hora	Onde eu estava, com quem eu estava, o que eu estava fazendo	Pensamentos, imagens ou memórias intrusivas positivas

Depois de algumas semanas, reserve alguns minutos para ler seu Diário da felicidade. Você está surpreso com o número de vezes que teve sentimentos positivos? Existe um tema comum para seus pensamentos intrusivos positivos? Se assim for, você pode trazer esses pensamentos para sua mente propositalmente para melhorar seu humor. Essa pode ser uma maneira eficaz de combater o pensamento ansioso. Se você teve poucas anotações em seu Diário da felicidade, não desanime. As próximas duas atividades podem ajudá-lo a construir uma forma de pensar mais positiva em sua vida.

32
Pare, pense e reflita

PARA VOCÊ SABER

Sua vida é tão ocupada que é difícil fazer tudo? Você está dividido entre escola, esportes, música, seus amigos e suas responsabilidades familiares? Quando há tantas demandas, é fácil ignorar seus pensamentos e seus sentimentos positivos e focar apenas nos pensamentos e sentimentos ansiosos. Contudo, se você está ignorando seus pensamentos positivos por estar muito ocupado, está perdendo um método eficaz para combater sua ansiedade.

Esta próxima atividade é especialmente útil se você estiver sempre ocupado. É um método que você pode usar para desacelerar e prestar atenção aos seus pensamentos. É como um *app* de respiração, que solicita várias vezes ao dia que você pare e respire calmamente por 1 minuto. Este é um método semelhante, mas a ideia é parar e ter um pensamento significativo e positivo por 1 minuto. Eu o chamo de *método pare, pense e reflita*.

PARA VOCÊ FAZER

Quando temos pouco tempo, nossa saúde mental geralmente é prejudicada. São muitos compromissos, sobrando pouco tempo para nos cuidarmos. Você precisa de uma estratégia rápida que o ajude a prestar mais atenção aos pensamentos positivos espontâneos. Quando um pensamento positivo surgir em sua mente, *pare* o que está fazendo e use o Diário da felicidade da atividade anterior para anotá-lo. Escrever em seu Diário da felicidade faz você ficar mais consciente do pensamento — essa é a fase de *pensar* dessa atividade. Em seguida, passe 1 minuto pensando mais profundamente sobre o pensamento positivo — essa é a fase de *refletir*. É bastante simples, mas aumentará os efeitos do pensamento positivo.

Sua reflexão de 1 minuto será mais eficaz se você considerar as seguintes questões:

- Por que esse pensamento positivo surgiu em minha mente? Foi por causa de algo bom que eu fiz?
- O que esse pensamento diz sobre meu valor?
- O que isso diz sobre minhas habilidades e características positivas? Isso me ajuda a perceber que tenho potencial?
- O pensamento é um lembrete sobre o que as pessoas gostam em mim — que sou aceito por elas? Se sim, por que elas gostam de mim?
- O pensamento positivo sugere algo sobre meu potencial ou meu sucesso futuro?

MAIS PARA VOCÊ FAZER

Você obterá mais benefícios dessa atividade se mantiver um registro de suas sessões de prática. Você pode usar a planilha a seguir para registrar suas sessões. (O *download* está disponível no material complementar do livro em loja.grupoa.com.br.) Basta registrar a data e o número de vezes que você praticou o método *pare, pense e reflita* durante o dia. Em seguida, escreva tudo o que aprendeu sobre si mesmo — quaisquer conclusões que possam surgir ao pensar mais profundamente sobre seus pensamentos positivos.

Planilha pare, pense e reflita

Data	Número de vezes que a estratégia foi praticada	O que aprendi sobre mim
1.		
2.		
3.		
4.		
5.		

Quando praticada regularmente, essa estratégia pode aumentar seu nível de felicidade e autoconfiança. Com algumas pequenas mudanças, você pode usá-la para acalmar pensamentos ansiosos. Quando estiver ansioso, reserve 2 minutos para se concentrar em sua respiração. Em seguida, lembre-se de um pensamento positivo de seu Diário da felicidade ou de um que você lembre da prática *pare, pense e reflita*. Considere o que o pensamento positivo significa sobre seu valor. Você provavelmente achará essa estratégia útil para lidar com pensamentos e sentimentos ansiosos.

33
Memórias positivas

PARA VOCÊ SABER

Memórias afetam nosso humor. Quantas vezes você riu, pensando em uma experiência engraçada no passado? Que tal ouvir uma música que traz consigo uma boa lembrança? Quase instantaneamente, você começa a sentir um pouco da alegria e da diversão associadas à música. Lembrar de algo positivo pode nos fazer sentir bem, assim como lembrar de uma experiência ruim pode nos fazer sentir péssimos. As memórias são tão poderosas que podemos usá-las para mudar nosso humor e aliviar pensamentos e sentimentos negativos, como a ansiedade.

Existem várias maneiras de produzir memórias positivas para reduzir os sentimentos de ansiedade. Você pode ouvir músicas que o deixem de bom humor ou ver fotos que lembrem momentos divertidos e amigos próximos. Entretanto, não é a música ou a foto que faz você se sentir melhor; é a memória que elas ativam que afeta seu humor. As memórias são acionadas naturalmente na maioria das vezes, mas, quando você está se sentindo ansioso ou deprimido, é mais difícil recordar memórias positivas. A boa notícia é que você pode intencionalmente usar boas lembranças para se sentir melhor.

PARA VOCÊ FAZER

Pensar em uma experiência de alegria e felicidade é uma ótima maneira de estimular bons sentimentos. Pessoas felizes e confiantes tendem a pensar nas experiências positivas de suas vidas. Seguir os passos listados adiante ajuda a criar lembranças positivas em seu dia e a combater a ansiedade e a depressão.

1. Faça uma lista de fotos, músicas, vídeos, textos/comentários, objetos ou pessoas que despertam lembranças de uma experiência positiva.

2. Planeje um período de silêncio — de 15 a 20 minutos sem interrupções — para passar o tempo lembrando-se de memórias positivas.

3. Passe alguns minutos ouvindo uma música positiva, olhando uma foto de sua lista ou assistindo a um vídeo engraçado que o lembre de uma experiência positiva. Deixe sua mente vagar, devaneando com aquela lembrança agradável. Concentre-se na parte da memória que foi agradável — que fez você se sentir vivo ou aceito. Observe como seu humor muda conforme você se concentra na memória.

4. Repita as etapas anteriores várias vezes por semana. Certifique-se de usar diferentes músicas, fotos, e assim por diante, para ativar diferentes memórias positivas. Se você continuar pensando na mesma memória positiva de forma insistente, ficará entediado rapidamente e isso não terá um efeito positivo no seu humor.

MAIS PARA VOCÊ FAZER

Você obterá mais da lembrança positiva se desenvolver um *álbum de memórias*. Use a planilha a seguir para criar seu álbum ou crie o seu próprio. (Uma versão para *download* está disponível no material complementar do livro em loja.grupoa.com.br.) Liste várias fotos, músicas, vídeos, e assim por diante, que o deixam de bom humor. Em seguida, escreva uma breve descrição da memória positiva associada a cada um deles. Você pode usar essa lista de memórias ao tentar pensar profundamente sobre uma experiência passada durante seu tempo de silêncio.

Planilha do álbum de memórias

Dicas de memória	Memória positiva
Fotos:	
Músicas:	
Vídeos:	

Dicas de memória	Memória positiva
Textos/Comentários:	
Objetos:	
Pessoas:	

Como você se saiu nessa atividade? Você foi capaz de recordar memórias agradáveis que trouxeram alguma alegria? Sentimentos positivos como alegria e felicidade desaparecem rapidamente. Seu objetivo não é sentir uma mudança significativa, mas sim sentir um momento de felicidade que o tire da ansiedade ou da depressão. Então, você precisará voltar a viver sua vida. Você pode fazer essa atividade quantas vezes quiser, e cada vez uma oportunidade de captar um raio de emoção positiva. Essa é mais uma ação que podemos usar para romper as nuvens de angústia que podem obscurecer nossa vida.

34
Perceba a bondade

PARA VOCÊ SABER

Seu dia é repleto de pequenos atos de bondade, mas eles muitas vezes passam despercebidos. Seu amigo ajuda você com um dever de casa difícil. Seu irmão mais novo faz a você um elogio — pela primeira vez! Um professor leva algum tempo extra para ouvir o seu problema; seu amigo próximo o defende quando você é acusado injustamente; ou algumas pessoas deixam *likes* e até mesmo comentários positivos em sua última postagem. Existem tantas ações — algumas grandes, mas muitas pequenas — que demonstram bondade. Você pode receber a gentileza ou oferecê-la a amigos, familiares ou até mesmo a estranhos.

Reconhecer esses atos de bondade é expressar *gratidão*. E a gratidão é mais doce quando percebemos que não fizemos nada para ganhar ou merecer a gentileza. Foi demonstrado que expressar gratidão pode aumentar o humor positivo e até diminuir as emoções negativas, como a ansiedade. A gratidão vai além de apenas dizer "obrigado" à pessoa gentil. É uma compreensão mais profunda de que outra pessoa reconheceu seu valor e livremente estendeu a mão, mesmo que você não tenha pedido. A gratidão que muda nossas emoções deve ser genuína — deve vir do coração. Não é ser grato só porque seus pais dizem "Você deveria ser grato pelo que tem".

Você acha difícil expressar gratidão? Talvez você não perceba os atos de bondade que dá ou recebe. Ou você se sente tímido ou envergonhado, então não diz nada. Se por esses ou outros motivos você não expressa gratidão, está perdendo uma estratégia eficaz para aumentar os sentimentos positivos. E você pode fazer algo sobre isso.

PARA VOCÊ FAZER

Manter um diário de gratidão é uma maneira poderosa de se tornar mais consciente dos atos de bondade mostrados a você. Várias vezes ao longo do dia, pare e analise se algum ato de bondade foi mostrado a você. Pode ser algo bem pequeno, como um amigo guardando uma vaga para você no refeitório da escola ou um estranho sorrindo para você. Ou pode ser mais importante, como seu melhor amigo explicando como resolver um difícil dever de casa de álgebra.

Você pode usar o diário a seguir para acompanhar os atos de bondade. (Uma versão para *download* está disponível no material complementar do livro em loja.grupoa.com.br.) A terceira coluna não se limita a atos de bondade; nela, você anotará qualquer coisa boa ou positiva que aconteceu com você naquele dia, como tirar uma nota melhor do que o esperado em uma prova ou ter uma conversa interessante com amigos.

Diário da gratidão

Data	Atos de bondade	Experiências boas/positivas

Continue escrevendo em seu Diário da gratidão por um mês ou mais. Leia-o várias vezes por semana e pense na bondade demonstrada a você. Revise a terceira coluna e observe quantas coisas positivas acontecem. O que isso diz sobre você e sua vida? Quando estiver se sentindo ansioso ou angustiado, leia seu Diário da gratidão para se lembrar de que sua vida não é totalmente negativa e desanimadora. Pensar profundamente sobre bondade pode enfraquecer o poder do pensamento ansioso.

MAIS PARA VOCÊ FAZER

Há outra atividade de bondade que pode melhorar seu humor: seus próprios esforços para mostrar bondade aos outros. Você conhece o ditado "É muito melhor dar do que receber" quando se trata de presentes? Podemos aplicar essa verdade à nossa vida de maneira mais geral. Quando somos generosos, quando mostramos preocupação com nossos amigos, familiares ou mesmo com estranhos, isso pode ter um efeito positivo em nosso humor. E não precisa ser algo grande. Pode ser bem pequeno, como lembrar de incluir seu amigo tímido em um convite para uma festa ou fazer um comentário positivo na postagem de alguém nas redes sociais. Comece a se lembrar de fazer pequenos atos aleatórios de bondade; isso pode ajudar a tirá-lo da ansiedade e do pensamento tóxico.

A linha de chegada

O trabalho com as atividades deste livro pareceu um pouco com participar de uma corrida? O objetivo em qualquer corrida é alcançar a linha de chegada, e você conseguiu. Parabéns! Você fez uma jornada difícil, lidando com o complicado problema de pensamentos e sentimentos ansiosos. Agradeço a você por sua paciência em seguir esta jornada até o fim. Espero que o tempo e o esforço que você gastou tenham valido a pena.

Infelizmente, a ansiedade não é como uma corrida, que podemos terminar e esquecer. Ela é uma emoção humana normal, e os pensamentos ansiosos não podem ser expulsos de nossa mente para sempre. Neste livro, você aprendeu que abordagens de senso comum não são a resposta para uma mente ansiosa. Há outras mais eficazes: menosprezar o significado pessoal de um pensamento ansioso, abandonar o esforço de controle, evitar supor o pior, enfatizar suas características positivas e capturar momentos de pensamento espontâneo positivo. Estas são apenas algumas das estratégias do manual que podem transformar seu pensamento ansioso.

Sem dúvida, você já ouviu a expressão "Roma não foi construída em um dia". Isso também é verdade para lidar com uma mente ansiosa. Estar vivo é experimentar emoções, como a ansiedade. Portanto, você precisará continuar praticando essas estratégias quando sentir que sua mente ansiosa está entrando em ação novamente. À medida que surgem novas preocupações ansiosas, será interessante revisar este livro e dedicar mais tempo às atividades que você tenha achado mais úteis. Você não está na linha de chegada quando se trata de ansiedade, mas começou muito bem. Obrigado por me dar a oportunidade de apresentar minha abordagem para acalmar sua mente ansiosa.